本书的写作得到了中国银行业协会课题"老龄化背景下的养老保险改革及银行业支持养老保险第三支柱建设研究"、北京语言大学院级科研项目（中央高校基本科研业务费专项资金）（22YJ090011）的资助。

光明社科文库
GUANGMING DAILY PRESS:
A SOCIAL SCIENCE SERIES

·经济与管理书系·

老龄化背景下的商业养老保险

——兼论银行业支持养老保险第三支柱建设

张 原 | 著

光明日报出版社

图书在版编目（CIP）数据

老龄化背景下的商业养老保险：兼论银行业支持养老保险第三支柱建设 / 张原著． －－北京：光明日报出版社，2022.6
 ISBN 978－7－5194－6641－1

Ⅰ．①老… Ⅱ．①张… Ⅲ．①养老保险制度—研究—中国 Ⅳ．①F842.612

中国版本图书馆 CIP 数据核字（2022）第 093483 号

老龄化背景下的商业养老保险：兼论银行业支持养老保险第三支柱建设
LAOLINGHUA BEIJINGXIA DE SHANGYE YANGLAO BAOXIAN：JIANLUN YINHANGYE ZHICHI YANGLAO BAOXIAN DISAN ZHIZHU JIANSHE

著　　者：张　原	
责任编辑：刘兴华	责任校对：张惠芳
封面设计：中联华文	责任印制：曹　净

出版发行：光明日报出版社
地　　址：北京市西城区永安路 106 号，100050
电　　话：010－63169890（咨询），010－63131930（邮购）
传　　真：010－63131930
网　　址：http://book.gmw.cn
E － mail：gmrbcbs@gmw.cn
法律顾问：北京市兰台律师事务所龚柳方律师
印　　刷：三河市华东印刷有限公司
装　　订：三河市华东印刷有限公司
本书如有破损、缺页、装订错误，请与本社联系调换，电话：010－63131930
开　　本：170mm×240mm
字　　数：115 千字　　　　　　　印　张：10.5
版　　次：2022 年 6 月第 1 版　　　印　次：2022 年 6 月第 1 次印刷
书　　号：ISBN 978－7－5194－6641－1
定　　价：85.00 元

版权所有　　翻印必究

前　言

随着我国计划生育政策的实施，人民生活条件的提高、医疗水平的改善和人均寿命的延长，中国人口老龄化现象日趋严峻，并且与家庭小型化、空巢化相伴随，与经济社会转型相交织。目前，中国正在经历全球规模最大、速度最快、持续时间最长的老龄化过程，老龄化将成为我国经济发展面临的重大挑战。老龄化趋势对养老保障提出更高要求，养老问题的严峻性和必要性浮出水面。然而，目前我国社会养老体系不健全，社会养老水平有限，与日益增大的养老服务需求量之间存在着巨大矛盾，养老保险制度难以为老年人口提供完备的商业性养老保险产品，养老制度设计不尽合理。

我国的养老保障体系包括三大支柱：国家层面的基本养老保险、企业层面的企业/职业年金，以及个人层面的商业养老保险。一方面，目前养老保障仍以基本养老保险为主，企业/职业年金和个人商业养老保险的规模较小。随着我国老龄化规模的扩大和程度的加深，依靠国家养老的难度越来越大，尤其是近十年来，基本养老金支出增幅大于收入增幅的趋势逐渐凸显，养老金统筹账户缺口扩大，个人账户累积空账较多，导致基本养老保险依赖财政补贴，"收不抵支"的压力加大。另一方面，企业/职业年金覆盖面较小，增长缓慢，无论从参保企业数、参保职工数的总量和增幅来看，均处于较低水平。因此我国迫切需要通过发展商业性养老保险来增强国民自我养老保障能力，缓解政府财政压力，减轻公共养老金负担和企业社保缴费负担。

2019年中国经济受中美经贸摩擦影响，2020年以来受到新冠肺炎疫情影响，中国经济下行趋势明显，中央采取了普惠性减税与结构性减税并举的措施，重点降低制造业和小微企业税收负担，明显降低企业社保缴费负担，下调城镇职工基本养老保险单位缴费比例。2020年3月18日，国务院办公厅印发《关于应对新冠肺炎疫情影响强化稳就业举措的实施意见》，阶段性减免社保费，为企业减免养老、失业、工伤三项单位缴费额度超过5000亿元。在减轻企业负担的同时，也使养老金统筹账户缺口问题进一步加大。为此，2020年5月11日，中共中央、国务院发布《关于新时代加快完善社会主义市场经济体制的意见》，对保险行业提出具体要求，包括健全统筹城乡、可持续的基本养老保险制度及基本医疗保险制度；全面推开中央和地方划转部分国有资本充实社保基金工作；大力发展企业年金、职业年金、个人储蓄性养老保险和商业养老保险等政策。

《关于新时代加快完善社会主义市场经济体制的意见》从几方面提出完善养老保险体制和养老保险产品设计的意见：一是加快建立现代财税制度，适当加强中央在养老保险上的事权，减少并规范中央和地方共同事权。二是健全统筹城乡、可持续的基本养老保险制度，稳步提高保障水平，实施企业职工基本养老保险基金中央调剂制度，尽快实现养老保险全国统筹，促进基本养老保险基金长期平衡。三是全面推开中央和地方划转部分国有资本充实社保基金工作，大力发展企业年金、职业年金、个人储蓄性养老保险和商业养老保险。

综合中国近年来的老龄化状况、养老保险制度设计中存在的问题，以及应对国内外经济下行压力等方面的需要，合理改革养老保险制度，加大养老保险产品创新力度，推动保险行业进行供给侧结构性改革，成为中国应对老龄化社会来临，以及降低短期和中长期宏观经济风险的重要策略。

本书围绕上述热点问题，展开以下研究：一是梳理和预测中国当前及未来的人口老龄化总体状况、特征和趋势，研究老龄化对传统养老模式和养老保险制度的挑战。二是分析基本养老保险、企业/职业年金在应对老龄化中存在的主要问题及成因，探讨其未来的主要发展方向。三是研究商业养老保险的需求状况和供给状况，从供需来源、总量、质量和产品类型等角度讨论供需缺口、商业养老保险发展的瓶颈以及商业养老保险与基本养老保险，企业/职业年金的关系和定位，分析影响商业养老保险发展的主要因素。四是介绍银行及其他金融部门支持养老体系建设的国际经验，介绍美国、日本和德国等主要国家养老金融的发展状况和优质经验。五是分析中国银行业支持商业养老保险的优势和瓶颈，支持商业养老保险发展的主要内容和途径，研究鼓励、引导保险行业加大商业型养老产品创新的制度激励，探索丰富保险产品供给的主要途径，客观分析银保合作推动商业养老保险发展的主要内容，评估以房养老和金融企业参与养老地产模式，医、养、护结合的新型养老保险模式以及基于社区养老的新型商业保险模式等商业养老方式的可行性，为有效扩大商业保险的覆盖范围，保障人口养老的可持续性提供政策和建议。

本书的写作得到了中国银行业协会课题"老龄化背景下的养老保险改革及银行业支持养老保险第三支柱建设研究"、北京语言大学院级科研项目（中央高校基本科研业务费专项资金）（22YJ090011）的资助，在此表示衷心的感谢！由于作者水平、精力和时间有限，书中难免存在错误或不妥之处，敬请读者批评指正。

张原

2021 年 7 月

目 录
CONTENTS

第一章　引言和文献综述 …………………………………………… 1
　第一节　养老保险三支柱体系基本概念 ………………………… 1
　第二节　近五年来中央关于养老体系、养老金融工作的政策 …… 4
　第三节　研究综述 ………………………………………………… 7
　第四节　主要研究思路 …………………………………………… 16

第二章　人口老龄化趋势及对养老保险制度的挑战 …………… 17
　第一节　中国老龄化的发展及预测 ……………………………… 17
　第二节　人口老龄化对养老保险制度的挑战 …………………… 27

第三章　基本养老保险和企业/职业年金应对老龄化的问题 …… 38
　第一节　基本养老保险濒临超负荷运转 ………………………… 38
　第二节　企业/职业年金发展水平较低 …………………………… 43

第四章　商业养老保险的需求及主要影响因素 …… 47
第一节　商业养老保险的需求 …… 47
第二节　影响商业养老保险需求的主要因素 …… 54

第五章　商业养老保险的供给及主要影响因素 …… 65
第一节　商业养老保险的供给现状 …… 65
第二节　商业养老保险供给的影响因素 …… 92

第六章　银行及其他金融支持养老体系建设的国际经验 …… 101
第一节　发达国家与发展中国家养老保险状况 …… 101
第二节　金融服务养老的主要模式 …… 110
第三节　美国养老金融经验 …… 120
第四节　日本养老金融经验 …… 125
第五节　德国养老金融经验 …… 129

第七章　中国银行业支持商业养老保险的优势和瓶颈 …… 133
第一节　银行业参与商业养老保险的优势 …… 133
第二节　银行业参与商业养老保险的瓶颈 …… 136

第八章　中国银行业支持商业养老保险的内容和途径 …… 140
第一节　银行业支持商业养老保险的内容 …… 140
第二节　银行业支持商业养老保险的途径 …… 143

参考文献 …… 152

第一章

引言和文献综述

第一节 养老保险三支柱体系基本概念

近年来,中国人口老龄化现象日趋严重,尤其是进入新世纪之后,未富先老、渐富快老的发展趋势显现。中国正经历全球规模最大、速度最快、持续时间最长的老龄化过程,应对老龄化的任务特别繁重。老龄化趋势对养老保障提出更高要求,养老问题的必要性和严峻性浮出水面。

从20世纪90年代开始,我国逐步构建养老保障体系,其基本结构与1994年世界银行《防止老龄危机:保护老年人及促进增长的政策》(世界银行,1996)提出的养老保险"三支柱"模式相一致,包括强制性公共养老金计划、强制性的企业/职业年金计划和自愿的个人储蓄性计划或企业/职业年金计划(表1-1)。我国的养老保险第一支柱是国家层面的基本养老保险,第二支柱是企业层面的企业/职业年金,第三支柱是个人层面的商业养老保险。

表 1-1 中国养老保险三支柱体系

	第一支柱		第二支柱		第三支柱
	社保基金（储备）	基本养老保险基金	企业年金	职业年金	养老储蓄、商业保险、不动产等
起始年份	2000	1997	2004	2016	
投资范围	境内、境外	境内	境内	境内	
收益率	年均8%左右		年均7.5%左右		
投管人	境内18家，境外若干	境内2家（2016）	境内21家（2005，2007）	境内21家（2005，2007）	
权益上限	可控股权40%权益	可控股权30%权益	30%权益	30%权益	
性质	强制性，提供最低生活标准保障		非强制性，企业自愿提供；强制性，事业单位必须提供		非强制性，个人自愿储蓄
资金来源	个人和企业强制缴费、财政补贴		个人和企业自愿缴费、个人和单位强制缴费		个人自愿缴费

资料来源：依据人力资源和社会保障部数据整理绘制。

然而，尽管目前我国养老保险"三支柱"体系建立了基本框架，但发展极不平衡，养老保障仍以基本养老保险为主，企业/职业年金和个人商业养老保险的规模较小。随着我国老龄化现象越来越严重，依靠国家养老的难度越来越大，尤其是近十年来，基本养老金的支出增幅大于收入增幅的趋势逐渐凸显，养老金统筹账户缺口较大，个人账户累积空账较多，导致基本养老保险依赖财政补贴，收不抵支的压力加大，同时，企业/职业年金则存在覆盖面较小、增长缓慢的状况，发展处于较低水平。因此，迫切需要通过发展商业性养老保险来增强国民自我养老保障能力，缓解政府财政压力，减轻公共养老金负担和企业社保缴费负担。但是，从实际状况来看，当前的社会养老体系不健全，养老水平有限，与日益增大的养老服务需求量存在着巨大矛盾，养老保险制度没有为老年人口设立完备的商业性养老保险产品，养老制度设计也不尽合理。

目前，学术界对养老保险第三支柱的内涵存在分歧。郑秉文（2016）将第三支柱理解为享受税优政策的商业养老保险，以此促进个人养老账户制度的建立和普及。杨宜勇和吴香雪（2018）同样指出税收制度优化设计及税收激励是促进第三支柱发展的关键。另一种观点认为第三支柱是个人储蓄计划的一种金融产品或账户（董克用和施文凯，2020）。从金融市场来看，目前普遍的做法是将银行养老理财、养老基金区分开，将第三支柱养老金作为一项国家养老金制度来定义，与城镇职工基本养老保险、城乡居民基本养老保险、企业/职业年金等养老金制度并列，来定义第三支柱的内涵。

本书综合已有文献的研究，定义养老保险第三支柱是"政府依据相关法律法规，通过财税激励支持、引导全体经济活动人口建立的，以个人养老为目的，个人自愿参加并主导的积累型养老金制度，是一种个人养老金"。从我国提出第三支柱的政策渊源来看，可以将养老保险第三支柱理解为自愿的企业/职业年金计划或个人储蓄计划，1991年国务院发布的《关于企业职工养老保险制度改革的决定》提出了"逐步建立起基本养老保险与企业补充养老保险和职工个人储蓄性养老保险相结合的制度,实行国家、企业、个人三方共同负担"。然而,也正是由于个人储蓄性养老保险具备自愿性,因此个人层面的第三支柱养老金发展长期处于空白状态,国家的建设重点主要在第一支柱与第二支柱。2018年五部委联合印发《关于开展个人税收递延型商业养老保险试点的通知》(简称22号文),是官方文件中首次出现"第三支柱"的表述,也是中国政策层面的第三支柱概念的确切提出。

第二节　近五年来中央关于养老体系、养老金融工作的政策

自1991年国务院《关于企业职工养老保险制度改革的决定》首提"职工个人储蓄性养老保险"至今已有30年,但有关养老保险第三支柱建设的实质性政策主要从2016年开始密集推进。

2016年5月,习近平总书记在主持我国人口老龄化形势和对策集体学习时指出,"党的十八大和十八届三中、四中、五中全会以及'十三五'规划纲要都对应对人口老龄化、加快建设社会养老服务体系、发展养老服务产业等提出明确要求。要坚持党委领导、政府主导、社会参与、全民行动相结合,坚持应对人口老龄化和促进经济社会发展相结合,坚持满足老年人需求和解决人口老龄化问题相结合,努力挖掘人口

老龄化给国家发展带来的活力和机遇，努力满足老年人日益增长的物质文化需求，推动老龄事业全面协调可持续发展"。

2016年3月，中国人民银行联合民政部、银保监会、证监会等部委发布了《关于金融支持养老服务业加快发展的指导意见》，在国家政策层面正式提出了金融服务养老的战略。该文件提出，"金融业要充分认识到服务养老的重要意义，推动相关的组织、产品和服务创新，满足居民多样化的金融服务需求，提升居民养老财富储备和养老服务支付能力，在支持养老服务业的同时促进自身转型"。同年12月，国务院办公厅发布了《关于全面放开养老服务市场提升养老服务质量的若干意见》，同样提出"发展适老金融服务的问题，要求规范和引导商业银行、保险公司等金融机构开发适合老年人的理财、保险产品，满足老年人的金融服务需求，强化老年人的金融安全意识，加大金融消费者权益保护力度"。2017年7月，国务院办公厅印发《关于加快发展商业养老保险的若干意见》，指出"商业养老保险是商业保险机构提供的，以养老风险保障、养老资金管理等为主要内容的保险产品和服务，是养老保障体系的重要组成部分。发展商业养老保险，对于健全多层次养老保障体系，促进养老服务业多层次多样化发展，应对人口老龄化趋势和就业形态新变化，进一步保障和改善民生，促进社会和谐稳定等具有重要意义"。

第三支柱养老金制度开始落地的标志是2018年五部委联合印发的《关于开展个人税收递延型商业养老保险试点的通知》，通知决定在部分地区开展个人税收递延型商业养老保险试点。2019年，中共中央国务院印发《国家积极应对人口老龄化中长期规划》，明确增加养老财富储备，将"鼓励家庭、个人建立养老财富储备，稳步增加全社会的养老财富储备"作为重要任务，为应对人口老龄化提供坚实的社会财富保障。

2019年至2020年以来，受中美经贸摩擦和新冠肺炎疫情的叠加影响，中国经济下行趋势显著，中央采取了普惠性减税与结构性减税并举的措施，降低企业社保缴费负担，下调城镇职工基本养老保险单位缴费比例。2020年3月18日，国务院办公厅印发《关于应对新冠肺炎疫情影响强化稳就业举措的实施意见》，阶段性减免社保费，为企业减免养老、失业、工伤三项单位缴费额度超过5000亿元，在减轻企业负担的同时，也使养老金统筹账户缺口问题进一步加大。为此，2020年5月，中共中央、国务院发布《关于新时代加快完善社会主义市场经济体制的意见》，其中对保险行业提出具体要求，包括健全统筹城乡、可持续的基本养老保险制度；全面推开中央和地方划转部分国有资本充实社保基金工作；大力发展企业年金、职业年金、个人储蓄性养老保险和商业养老保险等政策。《意见》从几个方面提出完善养老保险体制和养老保险产品设计的意见：一是加快建立现代财税制度，适当加强中央在养老保险上的事权，减少并规范中央和地方共同事权。二是健全统筹城乡、可持续的基本养老保险制度，稳步提高保障水平，实施企业职工基本养老保险基金中央调剂制度，尽快实现养老保险全国统筹，促进基本养老保险基金长期平衡。三是全面推开中央和地方划转部分国有资本充实社保基金工作，大力发展企业年金、职业年金、个人储蓄和商业养老保险。

第三节 研究综述

一、老龄化与养老保险第三支柱关系研究

国内外学者对老龄化与养老保险关系的研究主要关注两个方面：一是如何对养老保险产生负面效应的影响，二是采取什么样的措施来应对这些负面影响。人口老龄化伴随着国家劳动力的日趋减少，而国家财政要承担规模庞大的社会养老保险支出，老龄化导致许多国家面临养老基金入不敷出的状况（Lisenkova and Bornukova，2017）。人口老龄化会降低经济发展的速度（刘生龙等，2012），其主要机制是劳动力的负增长和物质资本增长速度的下降（彭秀健，2006）；从中国人口老龄化问题的特点和发展趋势来看，人口结构与养老保险制度之间存在着一系列矛盾，主要包括养老保险覆盖范围不够广泛、不同群体养老保险的保障力度有很大的差异，以及社会统筹制度与人口老龄化之间的内在矛盾等（孙祁祥和朱俊生，2008）。从不同地区的比较来看，中国农村居民的养老问题更加突出，由于法治建设不到位、筹资渠道不合理、回报率较低，我国农村养老保障作用十分有限，养老保险制度存在诸多亟待解决的问题（赵静华，2018）。

从全球范围来看，由于发达经济体早于中国面临老龄化问题，因此国外学者较早开始老龄化与商业化养老保险的研究。基于刘易斯

（Lewis，1989）的寿险需求理论模型，实证研究发现老年抚养比是促进寿险需求的重要因素之一（Browne and Kim，1993；Jordan，2012），老年抚养比上升对寿险需求有显著促进作用（Beck and Webb，2003）。近年来中国老龄化速度加快并逐步接近发达国家水平，人口快速老龄化导致养老金供需矛盾不断激化，养老金缺口问题日趋严峻（曹冬梅等，2015）。因此，基于中国样本及案例的实证研究也逐渐增加，张庆君等（2013）和刘佳晨（2018）等通过定性和定量分析发现老龄化程度的加深会提高我国人寿保险的需求量，老年人口占比对人身保险消费存在显著正面影响（袁成和李茹，2017）。任丁（2019）从三个老龄化判断指标出发，研究老龄化对城乡家庭商业保险参与度的影响，结果表明老龄化与城乡家庭商业保险购买行为之间呈现正相关关系。

二、商业养老保险需求的相关研究

整体而言，老龄化会导致家庭对商业养老保险需求的增长，而其影响因素则是多方面的。Headen（1974）将商业养老保险需求的影响因素分为三类，第一类是保险公司的供给因素，第二类是影响消费者储蓄的因素，第三类是潜在市场的大小。针对商业养老保险需求的影响因素，部分学者从城乡结构、地区经济发展水平、家庭结构和个人因素等角度进行实证研究，分析其对商业养老保险需求产生的影响。

老年人抚养比对寿险需求的影响在经济发展的水平不同地区不尽相同，经济不发达地区老龄化程度的增加会减少人们对寿险产品的购买；而经济发达地区老龄化程度的增加会促进居民购买寿险（袁成，

2015）。中国商业养老保险的供需受经济增长速度、国内生产总值、金融深化程度、城镇居民可支配收入、全社会固定资产投资等因素的影响，经济发展水平对我国商业养老保险的发展至关重要（孙建中，1999）。家庭结构也会对商业养老保险需求产生影响，对独自一人居住的单人户来说，由于无赡养老人的压力，不会对商业养老保险有显著需求；对存在未成年儿童的核心家庭来说，由于未来养老风险有所保障，对商业养老保险需求较低；而家庭规模较大的直系家庭则由于老年人口较多，会增加商业养老保险需求（封铁英和高鑫，2017）。

从个人因素角度进行的研究，主要从参保意愿和行为角度进行分析，Mark 和 Kihong（1993）探讨了影响各国保险需求差异的因素，包括抚养比、国民收入、政府在社会保障上的支出、通货膨胀以及国家宗教信仰等，最终发现，国民收入和财富与保险需求呈正相关关系，通货膨胀预期则发挥了负向影响；Showers 和 Shotick（1994）研究发现，美国家庭收入、获取收入者的数量、户主年龄、家庭规模都对保险需求有显著正向影响，但随着家庭规模以及户主年龄的增长，家庭保险消费的边际增长呈现递减趋势。

国内学者研究发现，城镇职工的商业养老保险需求与个人年龄、个人全年总收入、教育水平、房产数量、已参加社会保险与购买商业养老保险的意愿正相关，与子女数量负相关（唐祥清，2018），家庭消费水平、人均年收入、对商业养老保险的了解程度等是影响城镇居民商业养老保险需求的重要因素（袁雪梅等，2018）；农民工的商业养老保险购买意愿与性别、年龄、受教育程度、婚姻状况、工作改变的频率等因素相关（张华新，2014）；而农村居民的商业养老保险购买意愿与年龄、文化水平、家庭收入情况、对商业养老保险的认识水平、政府的支持正相关，而与养儿防老的态度负相关（陈其芳，2016），卢亚娟等（2019）在研究影响农村家庭购买商业保险原因时发现，户主的受教育程度、户主年龄以及是否参加新型农村合作医疗保险等因素会显著影响农村地区家庭参与商业保险的可能性。

三、商业养老保险供给的相关研究

除了商业养老保险需求及影响因素的研究以外，基于供给的研究也是重要的方向。由于缴费不足，目前很多国家都要用财政收入去补贴基本养老保险制度。商业养老保险可以减轻政府财政负担，而且帮助精简政府机构和职能，但从短期来讲，如果一个国家现有的公共养老保险制度规模很大，为转型花费的代价会恶化政府的现金流量状况，发展商业养老保险的一个重要原因就是政府机构管理的社会养老保险服务质量差，私营机构之间的竞争会使得养老保险的运行效率以及服务态度更好，但经验表明政府负责养老保险的管理成本比私营机构的管理成本低（Dixon等，2001）。保险供给与需求之间的矛盾是现阶段我国保险业面临的主要问题，尽管供求相互依赖，但是却难以均衡发展（蔡秋杰和孙凤华，2006），应从商业养老保险供求两方面共同采取措施实现均衡发展，将有效供给与效率、风险联系起来。胡颖和叶羽钢（2008）提出有效供给是发展的内在动力、效率是有效供给的基础、风险控制是有效供给的能力保障，三者良性互动才能保证商业养老保险健康发展。

商业养老保险的供给对中国养老保险第三支柱的发展具有重要的作用。何小伟和高进（2010）认为保险市场受相对有限的资本实力导致的无力偿付、非有效金融市场、政府监管失当、政府救助产生的负面激励等诸多方面因素的影响，发展受到一定的阻碍。陈洋林等（2017）通过实证研究发现我国居民商业养老保险参与率低的原因部分来自供给方面，对经济不发达的落后地区，保险公司的产品供给匮乏是导致商业养老保险参与率低的关键因素。王颖捷（2003）将我国情况与发达国家进行横向比较，指出由于我国保险公司开展业务时间太短、保险市场的环境及国民经济运行状态不良等因素影响了我国保险公司的规模经济效益，使之无法达到规模经济效益的临界水平。

四、主要国家养老保险第三支柱发展经验研究

由于发达经济体老龄化与商业化养老保险的理论和实践发展较早，许多文献都对不同国家的经验和发展模式进行总结。

英国撒切尔和梅杰政府以减轻政府财政压力为目的的改革措施逐渐减少了国家养老责任，引入更多私人市场因素，同时为解决新政带来的问题，英国建立最低收入保障制度，补贴低收入家庭，推出国家第二养老金以及存托养老金计划，并重新制定职业养老金计划允许的法律和监管框架（陈星，2007）。

德国李斯特养老金计划改变以前针对现收现付之内部改革的思维，提出要发挥私人养老保险的作用，以弥补现收现付制的缺陷，通过政府补助鼓励居民为自己的老年进行储蓄，其目标之一就是保持法定养老金的缴费比率，这一方面是为了限制企业非工资劳动成本的进一步升高，另一方面是为了更好地权衡代际之间的负担承担。李斯特计划的推行进一步推动了社会养老系统中私人养老金的发展，使整个系统在人口老龄化背景下变得更加可持续（张利龙，2014）。

美国联邦养老金制度是养老金制度的主体，但起不到完全的保障作用，并且由于运作效率较低，因此与就业、工作业绩、缴费等相关联的企业保险更受推崇，同时私人性质的、完全依靠个人缴费的个人养老保险得到鼓励和发展。美国《社会保障修正案》决定提高养老金的缴税率和缴税上限，使养老金的现金流收入大于支出，多余的税金转入社会保障信托基金，由社会保障署统一管理（刘云香和丁建定，2007）。

智利养老金制度消除了现收现付制的累退弊病，代之以私有化管理的个人基金制，由强制性缴款转变为强制性储蓄，投保人退休后，个人养老保险基金账户中的资金由个人进行支配，按期领取，并随着物价变动而进行调整（黄阳涛和周蕾，2011）。智利鼓励私营的基金管理机构运用市场管理机制来管理社会保险基金，其私营机构为养老保险基金管理公司，在各项指标都符合政府监管要求的前提下，负责养老保险基金的筹集管理以及投资运营（冯锦彩等，2014）。

五、养老金融的相关研究

"养老金融"指的是个人在年轻时期所做的资产准备在老年时置换为可供享用的产品、服务的金融机制（党俊武，2018）。从较宽的定义来看，养老金融指的就是为了应对老龄化挑战，围绕着社会成员的各种养老需求所进行的金融活动的总和（孙博，2016），养老金融服务包括管理货币、固定资产、权益类养老资产的综合性金融服务（杨燕绥等，2012）。按照董克用（2016）提出的分类层次，养老金融应包括三个方面：一是为储备养老资产进行金融活动的养老金金融，二是围绕老年人的消费需求所进行的养老服务金融，三是为涉老产业提供投融资支持的养老产业金融。

部分研究者认为养老金融应当成为养老金与金融学两大理论的交叉学科，研究养老金如何在资本市场正确投资以实现保值增值，同时促进金融市场发展，在我国发展养老金融，要对养老金筹集、运营和发放的全过程实施有效监管（胡继晔，2013）。统一的养老金融体系应包括基本养老保险、企业/职业年金、商业养老保险、养老储蓄、住房反向抵押、养老信托、证券、基金等（贺强，2011；马海龙，2015）。养老金融业可以看作整个养老产业链条中独立的一部分，未来其涉及的人口规模和资金总量将远超其他养老业态，也可以看作整个养老产业的虚拟经济部分，横跨所有金融领域，关联到整个虚拟经济（姚余栋和王赓宇，2016）。

住房反向抵押金融业务与"以房养老"结合的研究是目前国内外文献讨论较多的话题。该项实践最早起源于荷兰，并经过美国、加拿大、新加坡、日本等国家推广研究取得丰硕成果。美国初期主要集中在产品个人需求方面的研究，其中 Yung Ping 教授研究的"住房年金计划"及 Ken Scholen 教授主持的住房反向抵押贷款调查都表明在美国开展住房反向抵押贷款具有必要性与可行性。日本学者 Mitchell 和 Piggott

（2004）在美国实践的基础上对比日本国情，研究认为，住房反向抵押贷款在日本具有推行的必要性与理论上的可行性。该业务可以在一定程度上帮助其解决养老问题。在澳大利亚，Barbara（2006）研究了家居长期护理及将房产作为退休后收入的可行性，提出了住房反向抵押贷款为老人家居长期护理提供资金的建议，建议政府降低住房反向抵押贷款的成本，从而激励老年人采取该种养老方式。Wang 等（2008）研究了如何通过证券化的方式转移住房反向抵押贷款中的风险，证明了为其构建证券化结构的可能性，并列举了生存者债券和生存者年金的不同特点，通过模拟计算出相应保费，认为生存者债券为投资多样化提供了一个有效的工具。

20 世纪 90 年代，国内学者开始对国外"以房养老"的概念、产品及运营模式进行详细介绍，以期将该模式引入国内。增祥瑞和胡江涛（1997）作为国内第一批研究住房反向抵押贷款的学者，较为详细地介绍了美国住房反向抵押贷款的要素、种类、市场概况及主要风险。我国中房集团前董事长孟晓苏（2014）最早提出"以房养老"一词，指出建立住宅"反向抵押贷款"的寿险服务比较适合我国国情，"我国可以将扩大内需、健全社会养老保障体系与居民住房产权很好地结合起来。其中保险业发达的国家已经实行多年的反向抵押贷款的保险服务就是一个成功结合的案例，值得我国引进和推荐"。"以房养老"开始进入公众视野，"以房养老"这种新型养老模式也得到了更多学者的关注与研究。住房反向抵押贷款不仅可以带动消费增长，同时可以减轻子女养老压力，具有推行的必要性与理论上的可行性，但也存在不少阻力，主要有传统观念的制约、土地制度的影响、风险分担机制不健全、市场环境的不成熟等，具体表现为房地产二级市场不规范、保险精算和评估人才严重不足、交易费用高、中介机构规范性差等（柴效武，2004）。相较于国外，国内"以房养老"起步较晚，尚未出现系统性研究成果，对住房反向抵押贷款的运作机制、风险防范等的研究还处于初级阶段。

除了理论研究者对养老金融问题进行研究之外，实务界的金融家也就金融业不同领域服务养老途径和作用进行了深入思考。兴业银行高建平（2016）认为应有效整合各类金融机构及社会资本，通过多层次、可持续、可复制的商业模式提供更好的金融产品和服务，鼓励各类金融机构的养老金融创新，探索养老金融和养老产业的深度融合，加快建立完善养老金融服务体系；建信养老金管理有限公司冯丽英（2015）认为商业银行通过向居民提供个人金融服务以解决养老规划、支付结算、生命保险等问题，可以引导并释放养老需求，提升居民购买养老金融产品能力，实现养老基金的保值增值，满足老年人的消费需求；昆仑信托研究部和晋予（2014）认为信托作为金融业第二大子行业，本身具有横跨资本市场、货币市场和实体经济的制度特点，养老信托在养老金融领域将充分发挥功能多样、模式灵活、资源整合的强大优势，走出一条一体化的养老综合金融发展道路。

第四节　主要研究思路

综合中国近年来的老龄化状况、养老保险制度设计中存在的问题，以及应对国内外经济下行压力等方面的问题，合理改革养老保险制度，加大养老保险产品创新力度，推动保险行业进行供给侧结构性改革，成为中国应对老龄化社会来临，以及管理短期和中长期宏观经济风险的重要内容。然而，目前我国养老保险第三支柱的发展相对滞后，需要包括政策、资金、人员等各方面的支持，从国内外发展经验和趋势来看，商业银行参与和支持第三支柱业务，是加速第三支柱宣导和市场培育，增强社会影响，完善管理模式，保障资金安全，支持实体经济的内在要求。

对此，本书围绕上述问题，展开以下研究：一是深入研究并预测中国当前及未来的人口老龄化状况，以及老龄化对养老保险制度的挑战；二是分析基本养老保险、企业/职业年金在应对老龄化中存在的问题及成因，未来发展的主要方向；三是研究商业养老保险的需求状况、供给状况和存在的主要矛盾，商业养老保险的发展前景；四是介绍美国、日本、德国等主要经济体金融支持第三支柱养老保险建设的情况以及相关经验；五是研究中国银行业支持商业养老保险的优势和瓶颈；六是分析中国银行业支持商业养老保险的内容、途径和政策建议，探索银行业在市场培育、投资者教育、账户管理、平台对接、风险控制等方面支持商业养老保险的政策和措施。

第二章

人口老龄化趋势及对养老保险制度的挑战

第一节 中国老龄化的发展及预测

一、中国人口老龄化的总体状况

20世纪70年代前,中国65岁及以上人口与东盟和印度等发展中国家接近,人口结构相对年轻;而从20世纪70年代到2010年,中国老龄化程度逐渐接近全球平均水平;近十年来,中国老龄化呈现加速上升的趋势,2019年中国65岁及以上人口占比达到11.5%(图2-1),并且由于人口基数庞大,中国老龄人口的规模也处于全球最高水平。

比较中国和全球主要国家及地区老龄化水平增长率可以发现,从20世纪70年代开始,中国的老龄化速度在大多数时间内超过除日本以外的主要发达国家和发展中国家,从2008年开始,老龄化增速呈直线上升态势,并于2014年超过日本,从2015年开始,中国老龄化增速一

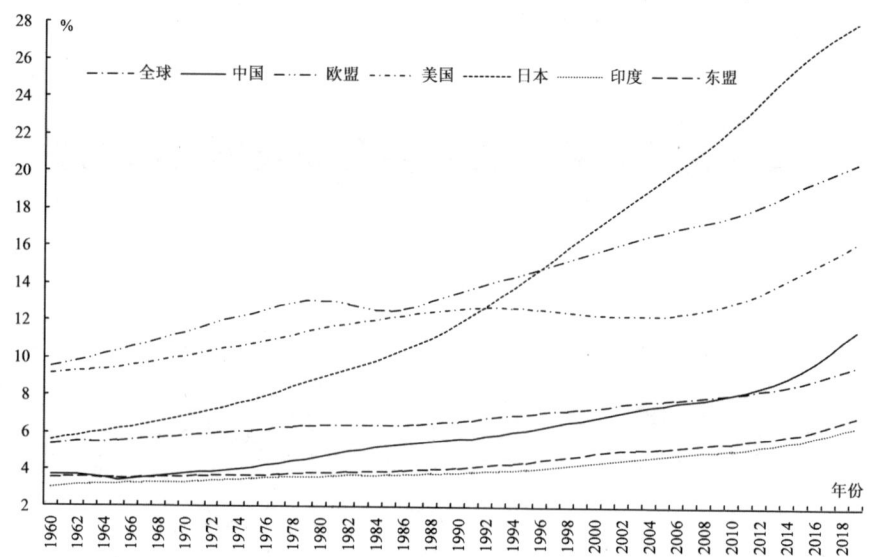

图 2-1　中国和全球主要国家及地区老龄化水平

数据来源：依据 CEIC 数据库数据整理绘制

直保持在 4% 以上，是全球老龄化增速最快的国家，按照这一速度，中国的老龄化程度将很快接近美国、欧盟等发达国家（图 2-2）。

从人口结构来看，由于老年人口相对中青年人口上升，中国的老年人口抚养比从 1990 年的 8.3% 快速上升到 2019 年的 17.8%，老年人口抚养比增长率在大部分年份呈正增长，同期少儿人口抚养比从 41.5% 下降至 23.8%，在大部分年份则呈负增长。人口红利逐渐消失，创造价值的劳动力不断减少（图 2-3）。

<<< 第二章 人口老龄化趋势及对养老保险制度的挑战

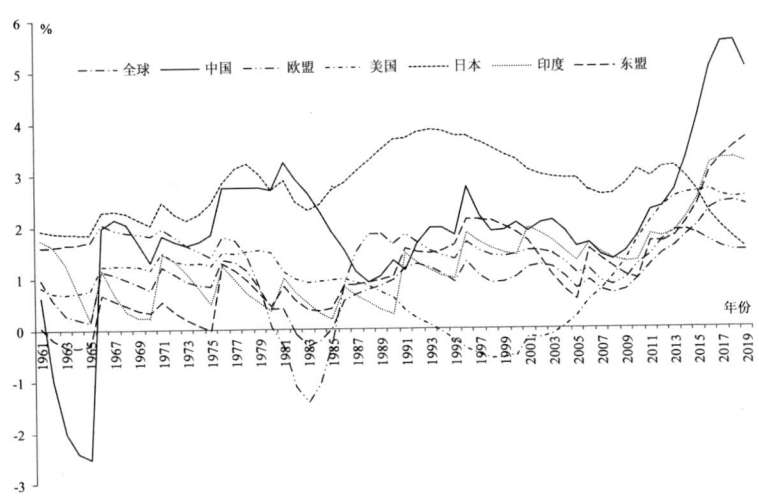

图 2-2 中国和全球主要国家及地区老龄化水平增长率

数据来源:依据 CEIC 数据库数据整理绘制

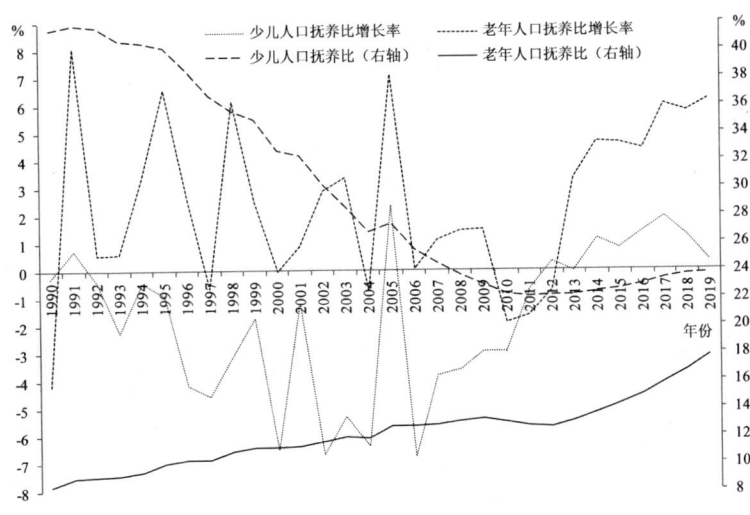

图 2-3 中国人口抚养比及增长率

数据来源:依据 CEIC 数据库数据整理绘制

二、中国人口老龄化的特点

中国人口老龄化的特点之一是高龄化状况显著,从60岁以上老年人口的年龄结构走势可以发现,60~69岁相对年轻的老年人口比重逐步下降,从1990年的62.2%下降至2019年的58.5%,70~79岁老年人口比重基本稳定在30.9%左右,而80岁及以上的高龄人口比重逐步上升,从1990年的7.9%上升至2019年的12.1%(图2-4)。高龄人口的人力资源开发可能性较低,独居、空巢、失能和低收入的实际比例和产生上述现象的可能性较高,因此对生活照料、家政服务、康复护理、医疗保健等养老服务的需求量更大,人口高龄化会进一步增加社会养老服务体系的负担。

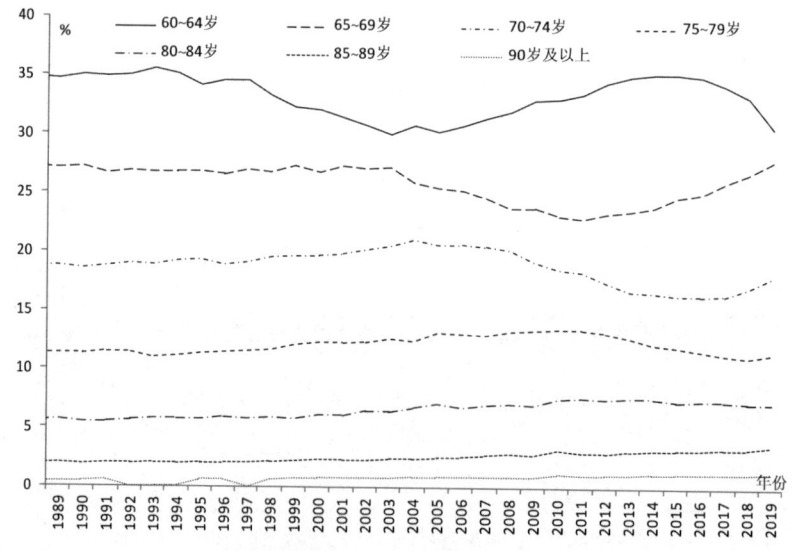

图2-4 中国各年龄段老年人口占60岁及以上人口比重

数据来源:依据CEIC数据库数据整理绘制

中国人口老龄化的另一特点是城乡分化趋势显著,在 2000 年之前,中国农村的老龄化水平基本低于城市,与县镇的人口老龄化水平相似;而在 2000 年之后,农村老龄化速度逐步快于县镇和城市,2005 年之后,农村老龄化水平一直高于县镇和城市,2018 年中国农村 60 岁以上人口占比达到 20.5%,远高于城市 15.8% 和县镇 16.6% 的水平(图 2-5),并且按照目前的发展状况,并没有缩小的趋势。

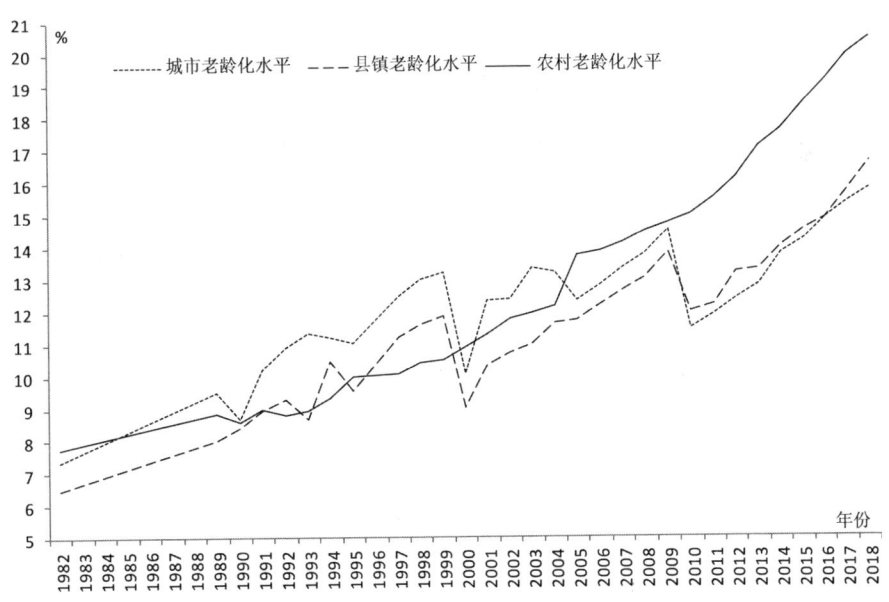

图 2-5 中国城市、县镇和农村 60 岁及以上人口比重

数据来源:依据 CEIC 数据库数据整理绘制

农村老龄化的加快主要源自城市化的不断发展,农村人、财、物流向城市,尤其是中青年人口流入城市后,返乡的比例较低,而带老人一起移居城市的比重又较低。中国目前的城镇化率接近

60%，按照发达国家城镇化率90%以上的基本规律，中国还有大量农村人口需继续往城市转移，因此目前的农村老龄化问题还将持续。这一状况的直接结果就是传统的农村家庭养老难以为继，而相对城镇而言，农村老龄人口较难获得基本养老保险覆盖，参与其他类型养老保险的比例也较低，农村养老机构基础设施条件存在供给不足，收费相对农村居民收入而言较为昂贵，普惠金融支持农村养老体系建设的作用也较弱。

中国老龄化的第三个特点是东中西部地区趋同，从不同地区老龄化走势来看，2005年之前，中国东部地区的老龄化程度高于中西部地区，就代表性城市而言，上海的老龄化程度远高于重庆，2003年两者差距最大时约为7.2%。而在2005年之后，东、中、西部地区的老龄化水平逐步趋同，2019年三者60岁以上人口占比均在2.8%左右，2012年之后，代表性城市上海与重庆的老龄化水平差距不超过1%，部分年份甚至呈现重庆高于上海的状况（图2-6）。东、中、西部地区老龄化趋同的状况主要来自人口流动，由于地区间经济社会发展差距的存在，中青年劳动力主要呈现从中西部地区向东部地区迁移的状况。同时，由于不同地区城市化水平逐步接近，东部地区城市化发展较快，但速度逐步放缓，而中西部地区城市化起步较晚但速度相对东部地区快，从而使东部和中西部地区城市的老龄化状况日趋相似。

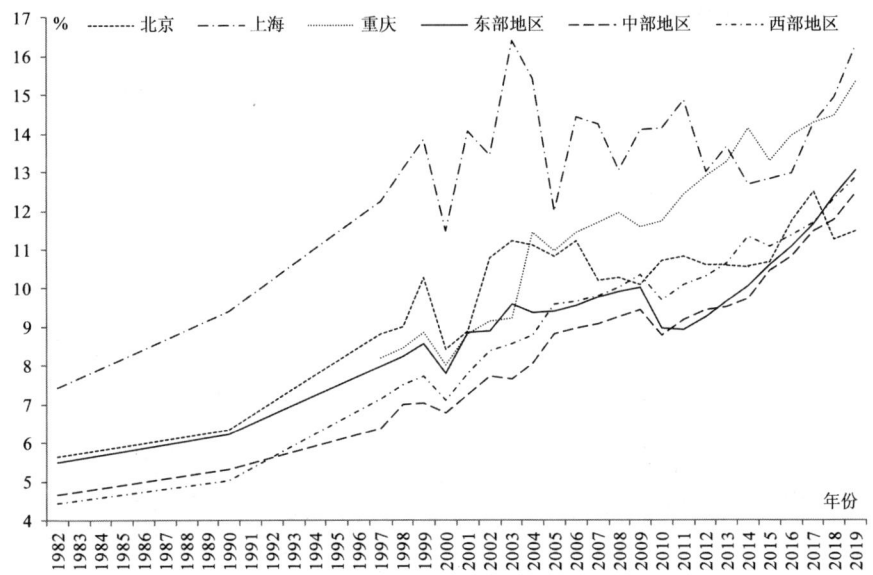

图 2-6 中国东、中、西部和代表性城市 60 岁及以上人口比重

数据来源：依据 CEIC 数据库数据整理绘制

三、中国人口老龄化趋势

依据联合国人口司经济和社会事务部对全球人口发展状况的预测（United Nations，2019），中国人口总量和 60 岁以上老年人口 2020—2100 年的发展趋势如图 2-7 所示。从中可以发现，中国人口总量在 2030 年达到接近 15.0 亿的峰值后，将呈现下降趋势，到 2100 年大约为 10.9 亿，60 岁以上老年人口在 2055 年前将呈现持续上升态势，峰值约为 5.0 亿，而后缓慢下降，到 2100 年约为 4.1 亿，其中 80 岁以上的高龄人口则呈现持续上升趋势，大约在 2075 年达到 1.6 亿的峰值，之后

基本维持在1.5亿的水平。

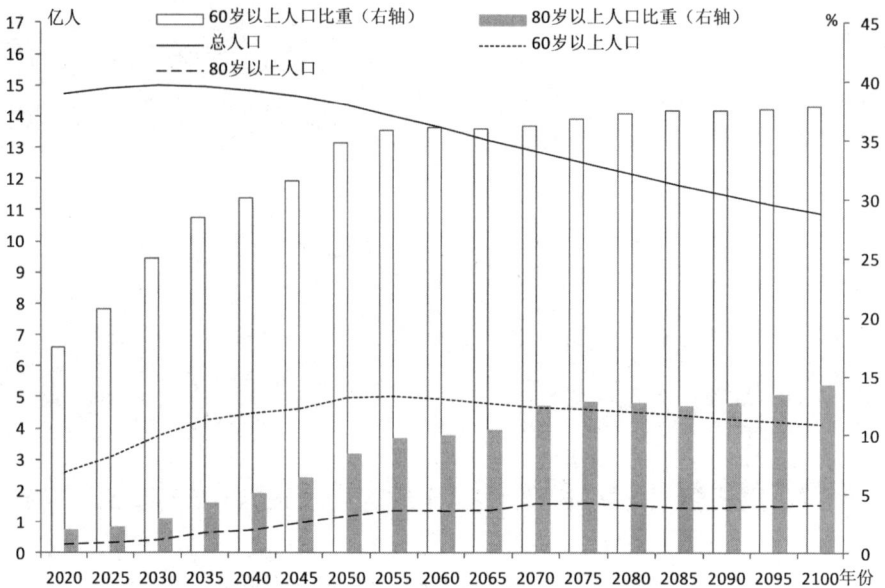

图 2-7　中国总人口、老年人口和老龄化趋势预测

数据来源：依据联合国人口司经济和社会事务部世界人口展望2019（World Population Prospects 2019）中位数预测数据整理绘制

老年人口相对总人口的下降较为缓慢的发展趋势将使得中国未来的老龄化程度不断加深，60岁以上人口占比将从2020年的17.5%快速上升至2055年的35.8%，之后保持缓慢上升态势，在2100年会达到37.9%；80岁以上的高龄人口比重将从2020年的1.9%快速上升至2070年的12.5%，之后呈现缓慢波动上升的状况，在2100年会达到14.2%。

按照上述预测的老龄化发展趋势，中国老年人口抚养比将从2020

年的17.4%快速上升至2060年的53.5%，之后呈缓慢上升态势，到2100年老年人口抚养比将达到58.7%，增长率在大部分年份呈正值；同期少儿人口抚养比将保持在24.5%左右，波动状况不显著（图2-8）。综合老龄化程度和抚养比走势的预测来看，中国从"十四五"时期开始将进入老龄化加速、扩大和加深的时期，并且在未来四五年持续这一进程，直到21世纪60至70年代前后步入阶段性稳定。

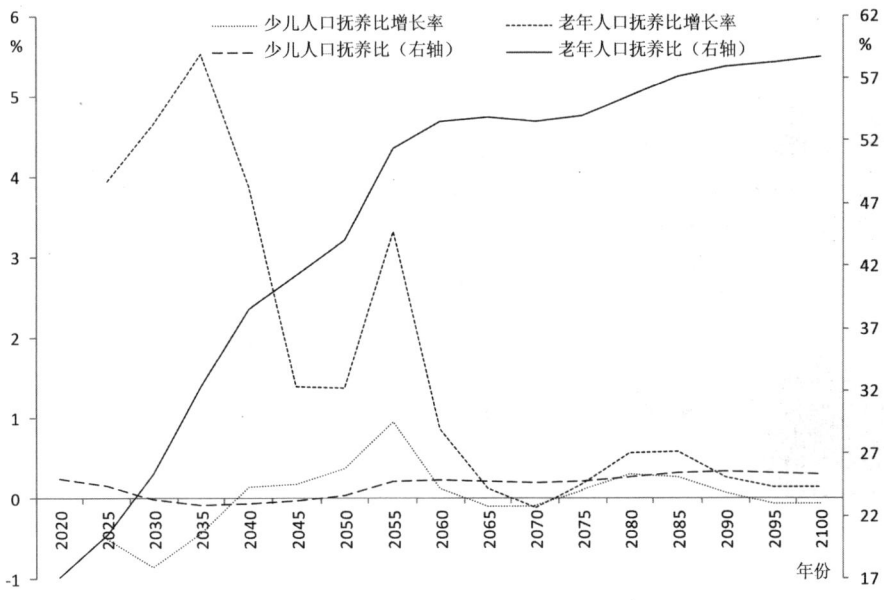

图2-8　中国人口抚养比及增长率预测

数据来源：依据联合国人口司经济和社会事务部世界人口展望2019（World Population Prospects 2019）中位数预测数据整理绘制

按照同样的预测方法可以发现，中国未来的老龄化的趋势与日本存在较大的相似性，中国目前的老龄化水平相当于日本20世纪90年代的状况，但并不意味着中国未来仍将保持滞后近30年的状态，从中、日两国65岁以上人口占比的差距来看，21世纪20年代两者差距最大，但此后两者的差距会逐步缩小，这意味着中国的老龄化将以加速的方式赶上日本，并且两国的整体走势十分相似（图2-9）。然而日本人口老龄化快速发展期滞后于其经济起飞和高速发展阶段，从人均收入水平来看已经进入发达国家行列，因此其养老机制建设和储蓄准备相对充分，而中国经济发展尚处于中等收入国家水平，养老制度的成熟度较低。

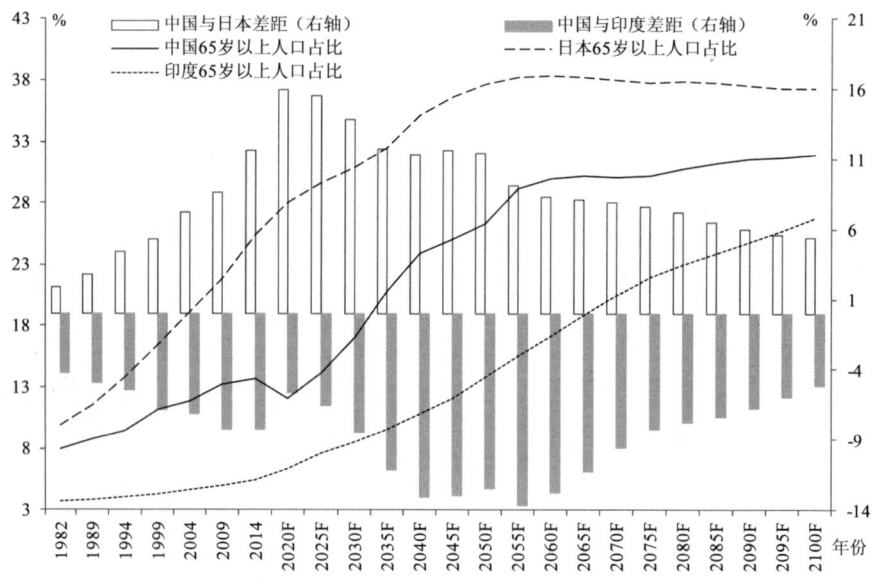

图2-9 中国、日本、印度65岁以上人口占比及趋势预测

数据来源：2020年前数据依据CEIC数据库数据整理，2020年后预测数据依据联合国人口司经济和社会事务部世界人口展望2019（World Population Prospects 2019）中位数预测数据整理

另外，与印度相比，中国目前 65 岁以上人口的比重大概比印度高 5.7%，并且从预测来看，印度大约在 2050 年才会达到中国目前的老龄化水平，滞后时间大约也是 30 年，但与中、日两国的状况不同，在 2055 年之前，中、印两国老龄化水平差距会逐步扩大。中国人口结构相对老化和印度人口结构相对年轻化在未来 30 年间将形成鲜明对比，印度人口红利形成的优势将十分明显，在国际劳动力市场中，印度可能对中国形成重要的竞争优势。

第二节 人口老龄化对养老保险制度的挑战

一、家庭养老模式受到重大挑战

中国的老龄化呈现基数大、增速快、高龄化、持续时间长、城乡分化和东、中、西部地区趋同的特征。并且与发达国家老龄化和经济发展阶段的时间相比，中国呈现"未富先老"和"渐富快老"的特点，使得养老制度建设的滞后体现得更为显著。

从养老模式来看，传统的家庭养老中，养老支持力主要来源于子女、老伴或亲属，但是随着家庭规模和结构发生改变，家庭养老功能逐渐弱化。从中国城市家庭规模变化趋势来看，户均人口数量已经从 1982 年的 4.4 人下降至 2019 年的 2.9 人，三口之家成为主流；东部地区和北京、上海等一线城市的家庭规模更是小于全国平均水平，2019

年户均人口分别仅有2.8人、2.6人和2.4人（图2-10），意味着"丁克"、空巢和一人户的家庭比重不断上升。老年人口的高龄化也使家庭养老的负担加重，从第六次人口普查对我国老年人各年龄段的失能率情况来看，60~64岁年龄段的失能率仅为0.9%，随着年龄上升，失能率快速上升，85岁以上年龄段的失能率上升到12.7%~29.2%，小规模家庭养老负担加重的问题十分突出，必须大力发展多种形式的社会化养老和助老事业。

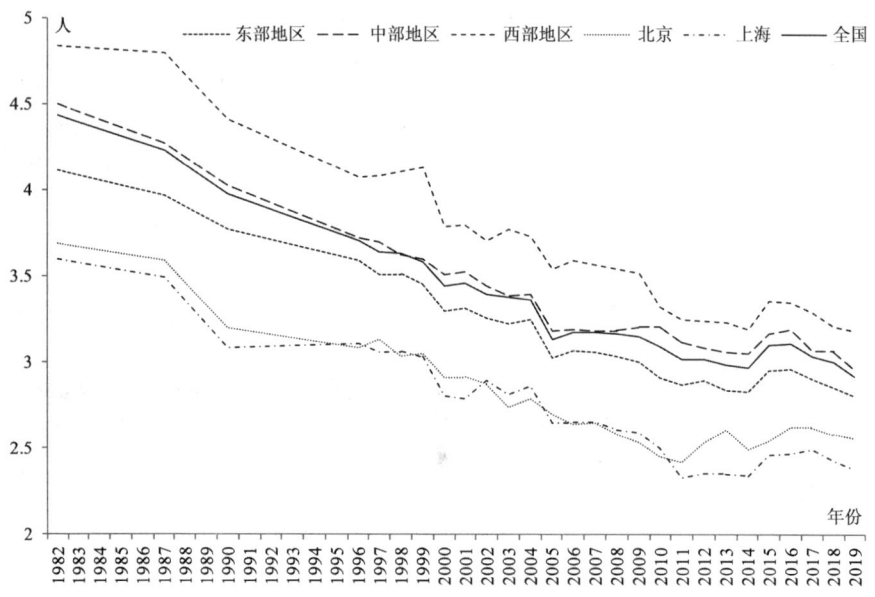

图2-10　全国、东部地区、中部地区、西部地区和代表性城市家庭户规模

数据来源：依据CEIC数据库数据整理绘制

二、基本养老保险领保数量上升

近年来，我国老龄人口数量上升，且目前尚未普遍推行退休年龄推迟政策，因此我国离退休人员总量增长较快，从而使基本养老保险领取人数逐年上升。2003年全国基本养老保险的领取人数为197.6万人，而到2019年底上升为1.6亿人，年均增长率高达41.5%。从参加基本养老保险的状况来看，主要是职工和居民两类，前者从2003年的1.6亿人上升至2020年的4.6亿人，同期后者从5427.7万人上升至5.4亿人，全国总体基本养老保险参保人数从2.1亿人上升至9.9亿人，年均

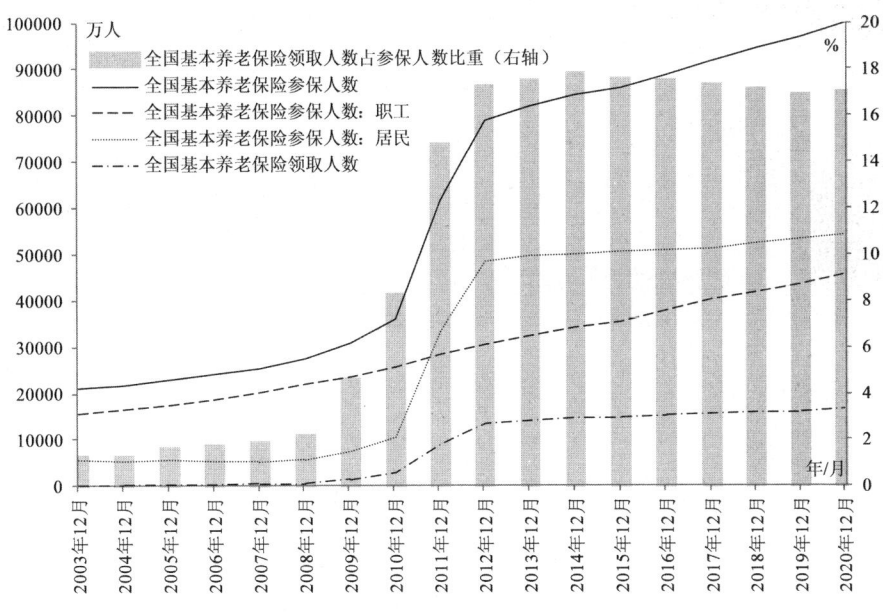

图 2-11　全国基本养老保险参保和领取人数

数据来源：依据CEIC数据库数据整理绘制

增长率为10.6%。全国基本养老保险的领取人数年均增长率高于参保人数年均增长率。从基本养老保险的领取人数占参保人数的比重变化来看，2003年占比约为0.94%，而到2014年迅速上升至17.5%，之后基本维持在17.0%（图2-11）。

目前我国的男性和女性退休年龄分别为60岁和55岁，与经合组织国家和大部分非经合组织国家相比，中国的退休年龄相对较早，并且与不少国家推迟退休年龄规划不同，中国推迟退休年龄的制度设计近期还未有实质性推进（图2-12）。因此基本养老保险领保数量上升的趋势仍将持续。

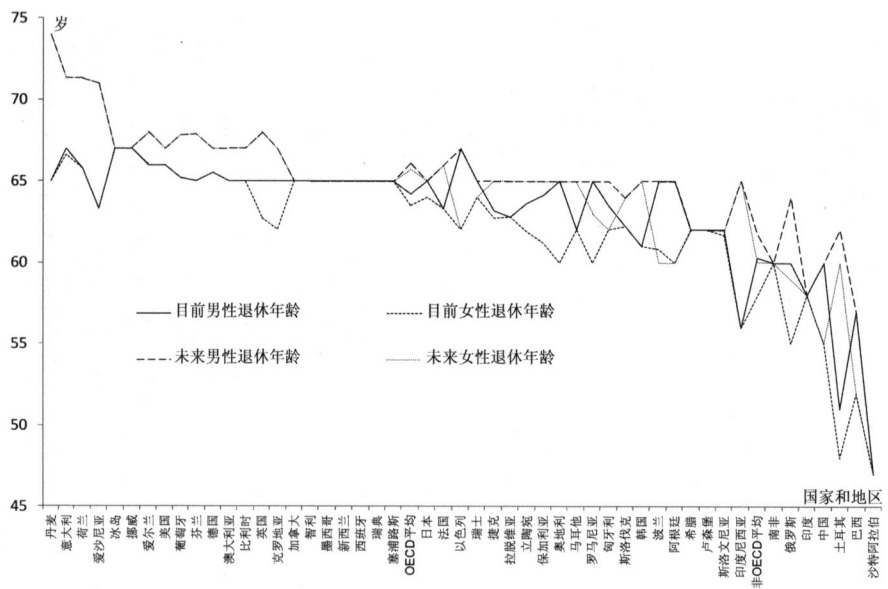

图2-12　全球部分国家当前和未来退休年龄

数据来源：依据OECD数据库Pensions at a Glance Pension Entitlements数据整理，当前指2018年

除了领取人数增长之外,随着社会保障水平的稳步提高,全国企业退休人员基本养老金自 2005 年开始上调,至 2019 年已连续上调 15 年,月均养老金从 2012 年的 1686 元增加到 2019 年的 3071 元,年均增长率在 8% 以上,高于 2012 年以来中国 GDP 增长率 6.0%~7.9% 的水平,并且随着中国经济逐步进入中速发展的新阶段,GDP 重回高速增长快车道的可能性较低。

基本养老保险领保人数和人均基本养老金水平的上升,使得基本养老保险支出总量较快增长,以国家责任为主的养老保险第一支柱负担持续增加,并且按照中国老龄化趋势预测,未来四五十年间中国还将持续面临老龄化扩大和加深的问题,因此基本养老保险面临的支出压力将会不断上升。

三、养老筹资渠道面临严峻考验

与领保数量快速上升的状况相比,养老保险的筹资规模增长则相对缓慢,筹资渠道较为单一。目前我国养老保险基金来源主要是保费收入、财政补贴、保费收入利息和其他投资收益(图 2-13),由于统计部门尚未单独公布养老保险基金收入细项结构,并且在五种主要社会保险中,养老保险和医疗保险在社保基金中的比重较高,因此对于较为具体的筹资渠道来源,这里主要依据全国社保基金收入结构来间接反映养老保险情况。从 2007—2019 年全国社保基金收入结构可以发现,除了保费收入和财政补贴之外,基金投资收益年均值最高的是利息收入,且呈现稳定增长态势;其次为证券价差收入,但不同年份间收入波动较大；长期股权投资收益和股利收入较为接近，大约为利息收入的三分之一，且各年间增长较为稳定，交易类资产公允价值变动收益年均值尽管也与长期股权投资收益相似，但收入波动高，稳定性较低；而衍生金融工具收益、股权投资基金收益以及信托投资收益等其他收入则呈现规模较小或风险波动较高的状况（图2-13）。

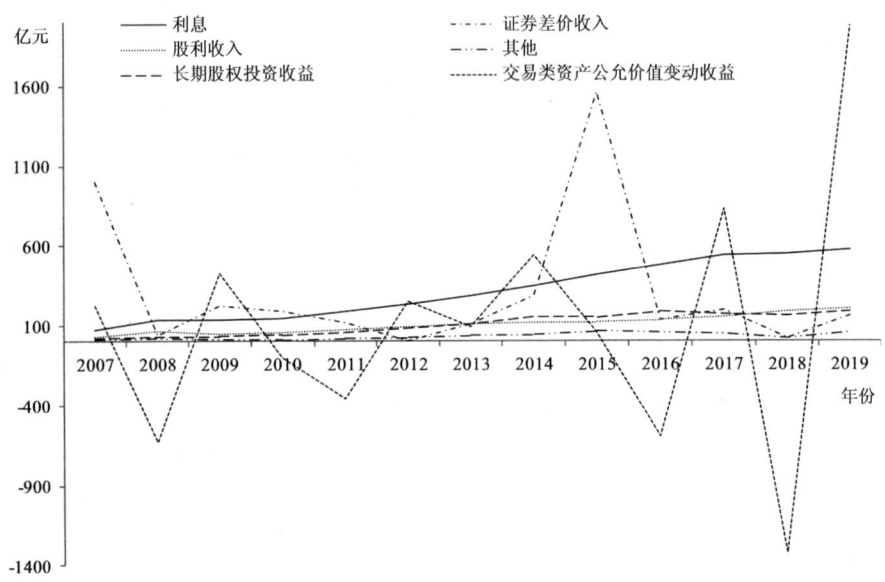

图2-13 全国社保基金收入结构

数据来源：依据CEIC数据库数据整理绘制

对于农村养老筹资渠道而言，新农保目前主要依靠农民个人缴费、集体补助和政府补贴筹集资金，与城镇职工和居民相比，农民缴费能力较为有限，参保意愿和个人缴费率普遍低于城镇，集体补助存在非强制性，而地方财政补贴又存在较大压力，尤其是中西部贫困地区的地方财政，在补贴新农保建立农村养老保险体系时存在较大的困难，因此尽管新农保从2009年推行至今已有十余年时间，但基金总规模仍然较小，覆盖面较窄，基于新农保基金构建金融投资收益体系远未成熟。

四、养老基金的保值增值面临挑战

养老保险领保数量上升和筹资渠道有限，使得养老保险基金在应对老龄化的过程中面临众多困难，但从近年基本养老保险基金结余的状况来看，空账状况比往年有所好转，2019年企业基本养老保险基金当期结余0.3亿元，累计结余5.1万亿元，在支出增长和收入提升有限的情况下，提高养老保险基金结余的投资回报率和可持续性，成为化解养老金支付危机的主要渠道。

2008年金融危机之前，我国的社保基金资产结构单一，以银行存款、长期股权投资和应收利息为主，2007年之前，银行存款资产占比达到了70%以上，几乎没有其他金融资产收益（图2-14）。从2008年开始，社保基金开始"入市"，当年持有至到期投资、交易类金融资产和可供出售金融资产比重迅速上升至46.3%、23.7%和12.3%，银行存款比重下降为10.9%。

然而，由于养老金政策和体制限制，养老保险基金制度设计的"泛行政化"、养老保险基金投资营运风险约束、监管机制的不完善、相关法律体系不健全以及宏观经济通货膨胀的加剧，我国养老保险基金保值增值效果趋弱与刚性支出扩张的矛盾逐渐凸显，基本养老保险基金保值增值的难度增加。从2007年至2019年，全国社保基金资产负债状

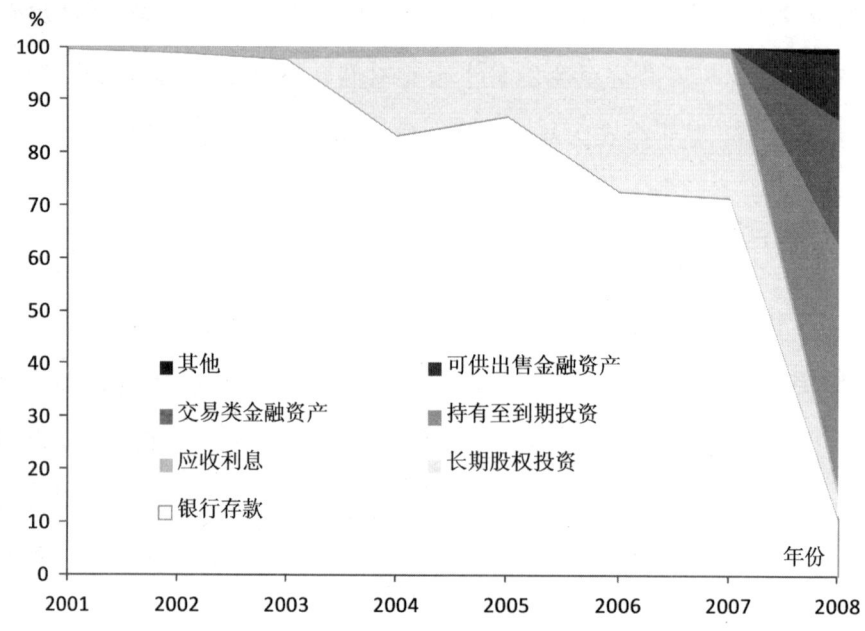

图 2-14 金融危机前全国社保基金资产结构

数据来源：依据 Wind 数据库数据整理绘制

况表明，资产总额增长率为 20.9%，负债总额增长率则相对较高，为 56.4%。2008 年金融危机之后，交易类金融资产增长迅速，在各类资产中，交易类金融资产和持有至到期投资占比较高，大约为 35.0% 和 37.8%，且交易类金融资产从 2009 年的 23.5% 增长至 2019 年的 44.1%（图 2-15），且增长主要来自 2012 年社保基金加快入市之后，但从社保基金投资股市的收益来看，其盈利不一定跑赢大盘指数，在 2008 年和 2018 年上证指数下跌期间，社保基金也出现当年亏损的情况。

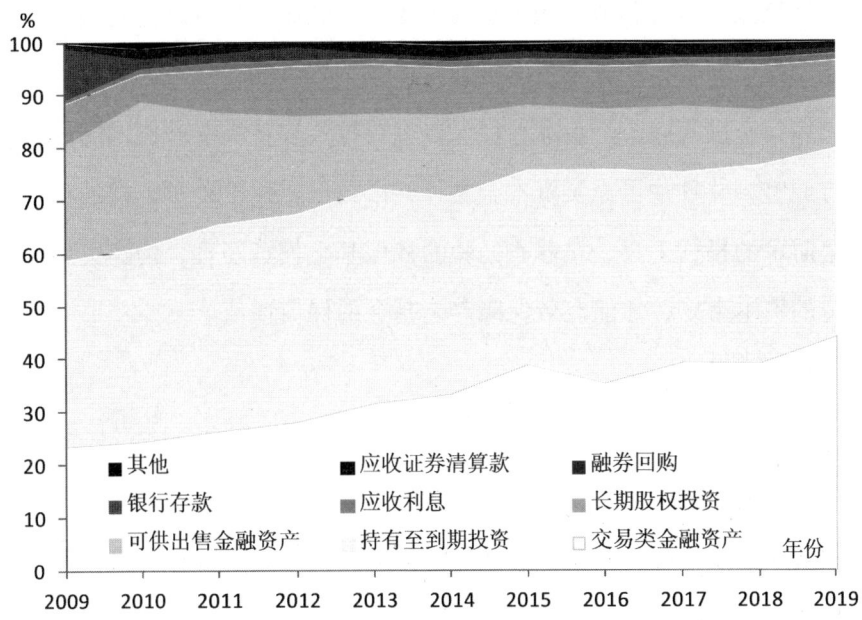

图 2-15　金融危机后全国社保基金资产结构

数据来源：依据 Wind 数据库数据整理绘制

由于社保基金投资规定对投资权益类资产比例上限有规定，其中银行存款和国债的投资比例不低于 50%，企业债、金融债的投资比例不高于 10%，证券投资基金、股票的投资比例不高于 40%。尽管银行存款、国债等存款和债权类投资的收益较为稳定，但收益率较低，而基金、股票投资的收益率较高且灵活性较高，但目前管理规定中规定的比例相对较低，限制了资产收益率的提升。

2019 年，财政部、人力资源和社会保障部、国资委出台政策，将中央和地方国有及国有控股大中型企业和金融机构 10% 的国有股权，划转至社保基金会和地方相关承接主体,这意味着将有万亿元级别的资金注入社保基金,在政策持续推动社保基金入市的背景下,可能将有更多长线资金进入股市。目前,社保资金对投资权益类资产比例的规定需所有调整,并且除了充实资本金之外,市场也要建设种类丰富的符合养老金需求的投资工具,培养有经验的社保基金投资经理,构建更加成熟规范的资本市场,才能有效保障养老基金的保值增值。

五、养老保险的统筹层次问题凸显

除了上述问题之外,人口老龄化的不断上升还使得养老保险统筹层次较低所带来的各种问题更加凸显。目前我国绝大多数省份只实现了调剂金制度统收统支,而非管理、核算、收入、支出等方面的统收统支,企业职工基本养老保险省级统筹尚且没有实现,全国统筹更是遥远。然而,我国老龄化的发展却并非局部性的,而是农村、城镇、东、中、西部地区普遍老龄化,并且农村和中西部等经济欠发达地区老龄化呈现相对加速的状况。

统筹层次较低的最直接的影响是地区分隔,这不仅侵害了一些参保者尤其是流动性较大的参保者的权利,阻碍养老保险公平化的实现,而且使得农村和贫困地区养老保障问题更加难以解决。最直观的例子就是农民工,年轻时在城市打工而年老时期望回乡养老的农民工存在较大的跨地区养老金转接和统筹问题。其次是社保基金管理碎片化,目前我国社保基金由社保基金理事会管理,各省市养老保险基金由地方政府负责,保险企业可利用的资金量也不少,另外还有企业/职业年金等,这些资金由社保基金理事会、人社部、银保监会、证监会等不同部门负责,被分散在全国各地众多账户中,资金运作规则不一,监管标准不同,无法通过统一的投资运营获得更好的投资收益,甚至一些基金不断贬值。另外,统筹层次较低导致基金互助共济的功能不能得到更好的发挥,从分散风险的角度来看,资金池尽可能做大才能扩大参保人员间互助共济的范围,但是目前区域分割的状况很可能导致风险集中,尤其是老龄化较为严重而经济发展水平又较低的地区很可能出现局部性的支付困难。

第三章

基本养老保险和企业/职业年金应对老龄化的问题

第一节 基本养老保险濒临超负荷运转

一、基本养老保险基金的收支困难

我国的养老保险三大支柱分别是国家层面的基本养老保险、企业层面的企业/职业年金以及个人层面的商业养老保险,从目前的发展状况来看,第一和第二支柱分别面临较大的困难。

从社会保险和基本养老保险基金的收支状况可以发现,2007—2019年,社会保险基金收支基本能实现正向结余,但其中占较大比例的基本养老保险收支状况却不容乐观。基本养老保险费收入和养老金支出增长率分别为18.2%和21.4%,养老金支出总额和增长率均高于保险费收入。2013年前保费收入能基本覆盖支出,基本保障现收现付制度的维持,之后收入小于支出的状况日趋扩大,缺口从2014年的1174.3亿元

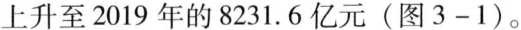

上升至2019年的8231.6亿元（图3-1）。

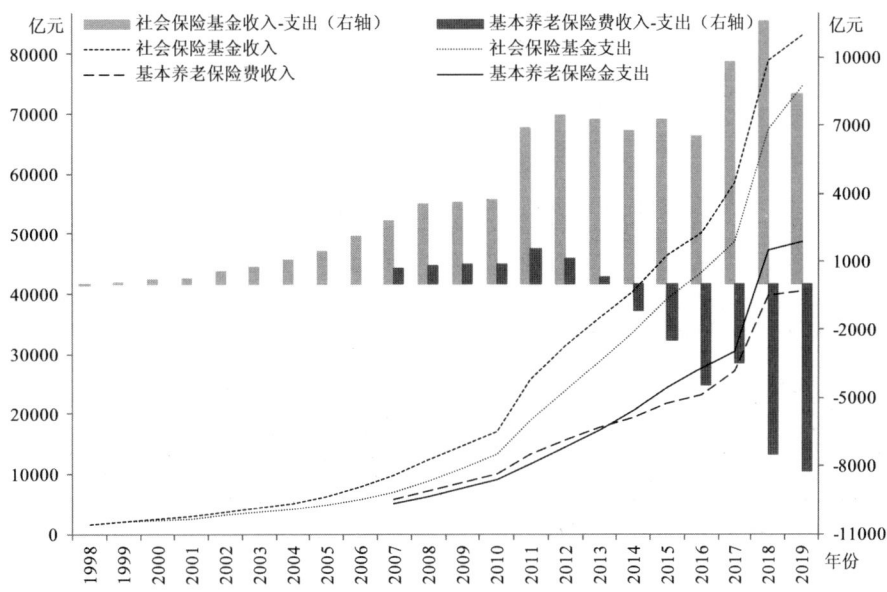

图3-1 全国基本养老保险和社会保险基金收入和支出

数据来源：依据CEIC数据库数据整理绘制

目前基本养老保险的构成主要是两种，一是职工离退休之后的城镇职工基本养老保险；二是无工作但又存在养老需求的城乡居民基本养老保险，其中城镇职工基本养老保险是我国养老保险中最为主要的组成，也是养老保险收支矛盾的主要来源。随着人口老龄化，退休人员持续上升，养老保险领取人数继续增长，而中青年就业人口则相对减少，保费缴纳数量可能持续下降，收支矛盾在很大程度上需要依靠中央调剂。

二、基本养老基金的财政负担较重

基本养老保险基金收支中存在的矛盾目前主要由中央财政承担"兜底"责任,从基本养老保险收入来源构成可以发现,从 2007 年至 2019 年,基本养老保险基金主要由财政补贴和保险费构成,两者分别从 2007 年的 1096.0 亿元和 5751.6 亿元上升至 2019 年的 13199.4 亿元和 43664.4 亿元,从年均增长状况来看,财政补贴增速 24.2%,高于保险费 18.9% 的增速。因此两者在基本养老保险基金总收入中的占比也呈现不同的发展趋势,财政补贴的比重从 2007 年的 15.6% 上升至 2019 年的 23.2%,而保险费比重则从 82.1% 下降至 76.9%,意味着财政补贴养老保险的负担越来越重(图 3-2)。随着我国老龄化进程加快,财政负担的绝对值和其所占财政收入的比重均会逐年增加,这对于养老保险体系和财政收支的可持续发展都将产生巨大挑战。

2019—2020 年为降低企业尤其是中小企业的经营负担,中央出台企业社保缴纳减免政策,其中养老保险费缴纳的减免力度最大,这意味着保费收入可能进一步下降,因而中央财政对基本养老保险基金的补充力度需相应加大,尤其是对收支矛盾较为突出的中西部地区和老工业基地,中央财政补贴力度可能进一步加大。2019 年加大划转国有资本充实社保资金的力度即是中央财政增强基本养老保险基金可持续性的重要举措,也从一个侧面反映出国家层面养老保险支柱存在的巨大压力。

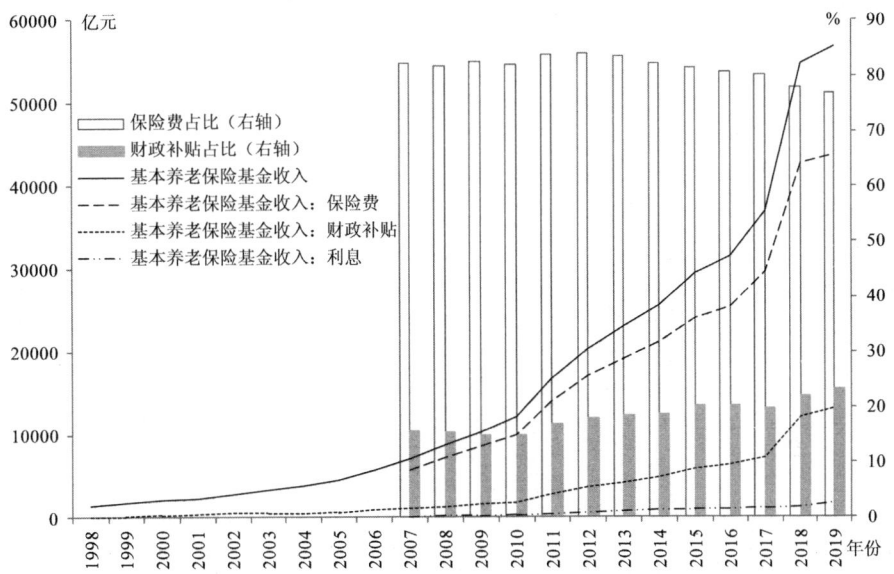

图 3-2　全国基本养老保险收入来源

数据来源：依据 CEIC 数据库数据整理绘制

三、养老金替代率持续下行

养老金替代率是劳动者离退休后领取的养老金占在职工资收入的比重，衡量了离退休人员的生活保障状况。从我国 1997 年以来参保离退休人员的基本养老金和在职职工平均工资走势来看，两者均呈现逐年上升的趋势，两者年均增幅分别为 10.0% 和 12.8%，养老金增幅低于工资增幅。因此平均替代率从 1997 年的 76.7% 下降至 2019 年的 44.2%（图 3-3），尽管养老金名义额逐年上升，但以养老金维持退休前生活保障的难度越来越大，具有较大的不可持续性。

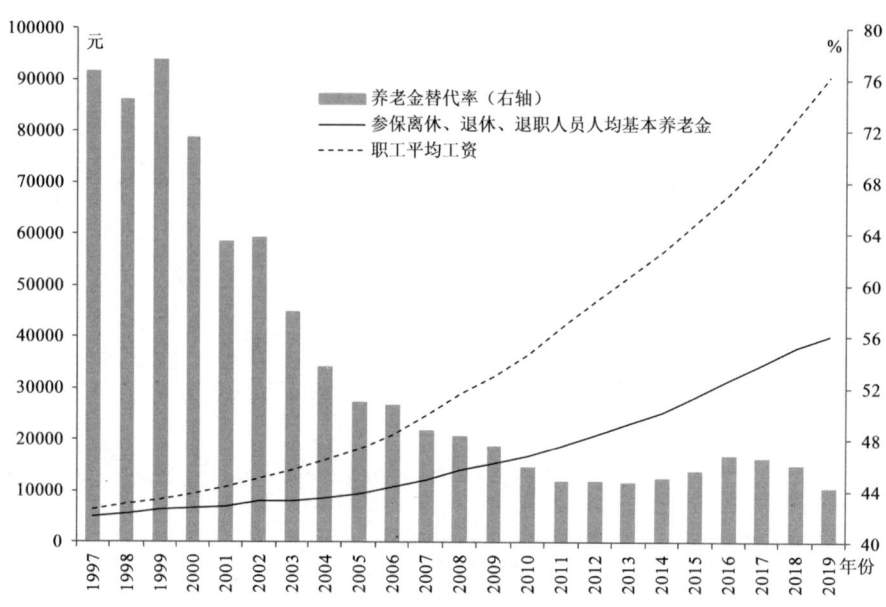

图 3-3　中国城镇职工公共养老金替代率水平

数据来源：依据《中国统计年鉴》1998—2020 年数据整理绘制

从全世界范围来看，世界银行（World Bank）测算认为维持退休前的生活水平的养老金替代率需不低于 70%，国际劳工组织（ILO）建议的最低标准为 55%，而中国的养老金替代率在 2004 年已经下降至 53.6%，并且呈现持续下滑态势。但是按照同样的基本养老金替代率测算可以发现，美国、英国、加拿大都比中国低，分别为 38%、30% 和 25%，然而这些国家的退休人口生活为什么能够有效保障呢？原因就在于这些国家的养老保障体系具有多层次且均衡发展的性质，如果将第二和第三支柱养老金合并计算整体养老金替代率，总的退休收入达到在职收入的 90% 左右，并且由于社会化养老机制比较完善，因此并不会导致大规模的养老危机。

第二节 企业/职业年金发展水平较低

一、企业/职业年金的覆盖面较窄

那么中国的养老保险第二支柱,也就是企业层面的企业/职业年金发展状况是否能够支撑起应对老龄化的重任呢?2000年至2020年,我国参与企业/职业年金的职工人数从560万人增长至2669.7万人,仅为参与基本养老保险人数的四分之一,实际领取企业/职业年金的人数更少,仅为领取基本养老金人数的十分之一[①]。

从企业/职业年金的覆盖率来看,2000年我国建立企业/职业年金的法人单位约1.6万家,到2020年增长至10.2万家,年均增长率大约为10.2%,然而,与法人单位数量蓬勃增长的趋势相比,有能力且实际建立企业/职业年金的法人单位数量并未持续扩大,从2000年到2019年,我国企业/职业年金覆盖率呈现先增长后下降的趋势,2001年覆盖率最低时期约为0.33%,增长至2013年最高水平时约为0.55%,之后持续波动下降,2019年仅有0.38%的企业建立了企业/职业年金(图

---

① 郑秉文,商业养老保险的新机遇和新阶段,第二届中国寿险发展论坛讲演,2017年9月9日,网址:http://insurance.hexun.com/2017-09-11/190813823.html

3-4)。美国、德国、英国的企业/职业年金计划占比分别为57.0%、65.0%和60.0%，而丹麦、法国、瑞士更是接近100%，相比主要发达国家，中国的养老保险第二支柱发展非常滞后。

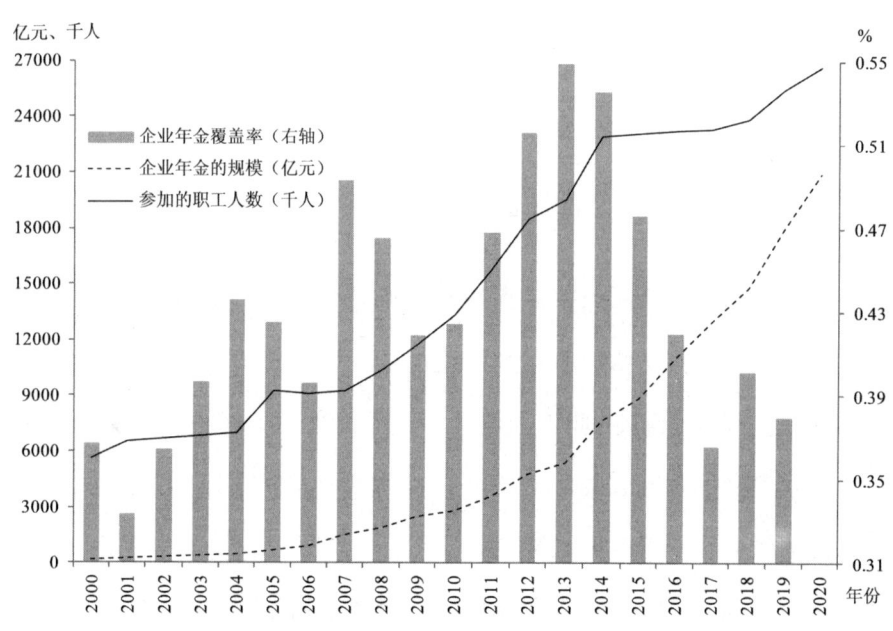

图3-4 中国企业/职业年金参加人数、规模和覆盖率

数据来源：依据人力资源和社会保障部《全国企业年金基金业务数据摘要》2010—2019年及《中国统计年鉴》1998—2020年数据整理绘制

二、基金投资收益和保值增值困难

2007年到2019年，我国企业/职业年金从191.9亿元上升至2.1万亿元，尽管相比基本养老金总额而言较少，但增长速度较快。据世界银行的预测，中国企业/职业年金规模2030年可能高达15万亿元人民币，

万亿级别迅速增长的年金资产同样面临保值增值的问题。然而,从 2007—2019 年企业/职业年金资产收益状况来看,当年的加权平均收益波动较大,年均值约为 7.5%,2008 年和 2011 年还出现过不同程度的亏损,加权年平均收益率为 4.6%~8.3%(图 3-5),与基本养老金面临相似的投资收益偏低问题。

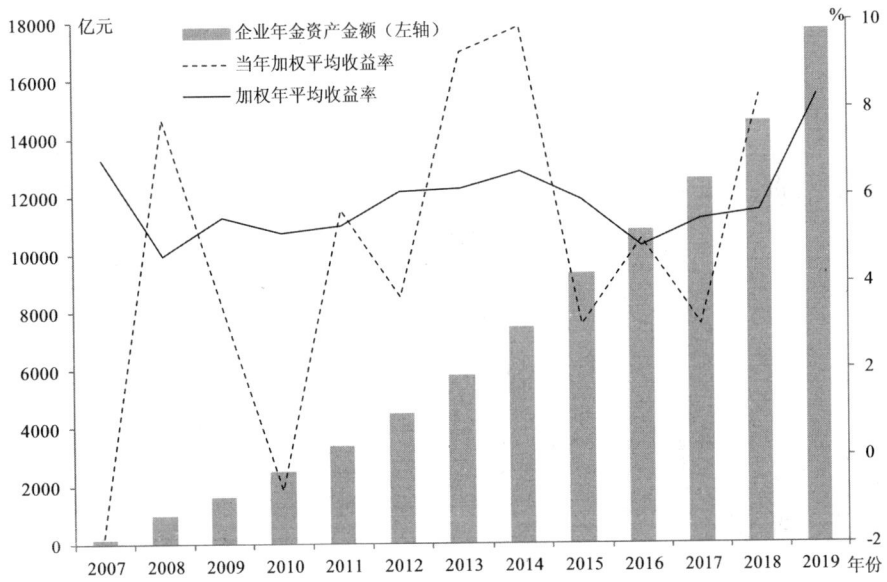

图 3-5　中国企业/职业年金资产金额、当年加权平均和加权年平均收益率

数据来源:依据人力资源和社会保障部《全国企业年金基金业务数据摘要 2019》数据整理绘制

从 2013 年起,人力资源和社会保障部颁发了《关于扩大企业年金基金投资范围的通知》,确定基金投资范围的扩大方向为商业银行理财产品、信托产品、基础设施债权投资计划、特定资产管理计划、股指期货五类投资产品。然而，由于目前我国资本市场环境并不完善，年金基金投资管理人的专业化程度还不高，监管体制也不完善。在快速增长的老龄化背景下，要想在短期内保证企业/职业年金健康、高速增长，有效平衡经济的安全性和收益性时间的关系，还需要投入大量的制度建设资源和专业人才培养资源，这些都是摆在养老保险制度建设和改革面前的难题。

三、中小企业参与积极性不高

从2004年《企业年金基金管理试行办法》实施以来，企业/职业年金在我国的发展已有10多年历史，但实际参与的企业以国有中央企业和大型外资企业为主，民营企业、股份制企业和中小企业比重很低。主要问题就在于对企业而言，年金制度会增加其人工成本，因此只有经营状况良好、资金实力雄厚的企业才有较强的参与积极性。在经济下行期，企业经营状况相对不稳定，出于自身生存发展的考虑，多数中小企业选择控制人工成本，因此参与企业/职业年金等福利性保障制度的积极性很低。

另外，由于中小企业的年金规模较小，较难找到合适的金融机构承担受托、账户管理以及投资运营等年金管理和运作业务，而目前金融市场中的年金集合计划——多个企业共同参与，而非单个企业建立年金的共同管理金融服务又比较少，因此也使得不少企业认为建立年金制度成为缺乏规模效应的"鸡肋"，参与积极性不高。因此要提升和促进中小企业参与企业/职业年金制度，也需要进一步完善和发展我国的金融市场，培养适合中小企业/职业年金管理的机构和服务项目。

第四章

商业养老保险的需求及主要影响因素

第一节 商业养老保险的需求

一、养老意愿及城乡差异

一般来说,老龄化程度的上升会使得人们对于商业养老保险的投保意愿增加,但实际需求还与人们的养老观念有关。按照2010—2017年中国综合社会调查(CGSS)对中国城乡居民养老观念的调查,大约半数的居民仍然认为养老主要应该由子女负责,约三成认为应该由政府、子女和老人共同承担责任,而认为主要由政府负责和主要由老人自己负责的约占10.0%和5.0%。尽管"养儿防老"仍然是主要观念,但从趋势来看,认为主要应该由子女负责养老的比重已经从2010年的56.7%下降至2017年的48.7%,而同期认为主要由政府负责和主要由老人自己负责的比重则上升了4.4%和2.1%(图4-1),转变较为明显。

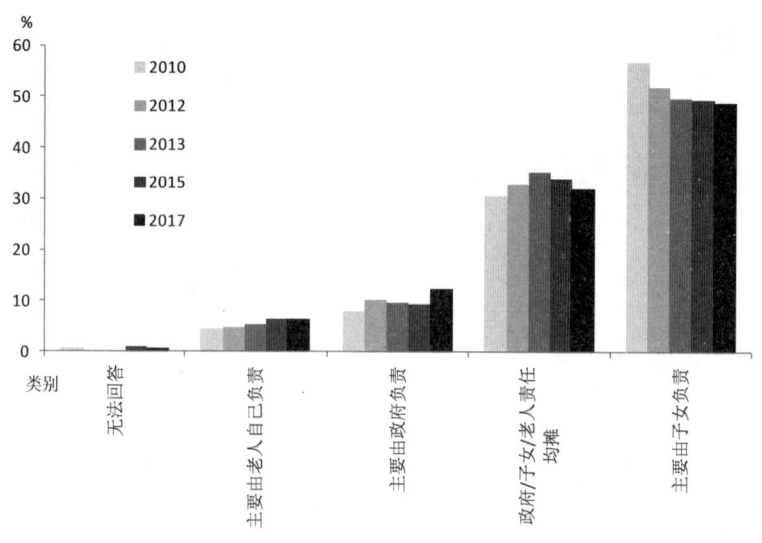

图4-1 城乡居民养老观念类型结构

数据来源：依据2010—2017年中国综合社会调查（CGSS）数据整理绘制

养老观念从"养儿防老"逐渐向依靠政府和自我养老的变化将在很大程度上改变已有的养老方式，政府和居民对于养老金融规划的意识也将因此增强，尤其是对于依靠自己养老的人群而言，可能成为商业养老保险的主要需求人群。

从城乡差别来看，我国农业户口居民中，认为养老主要应该由子女负责的比重显著高于非农业户口居民，2017年前者约为60.3%，后者约为35.3%，持由政府、子女和老人共同承担责任观点的分别占26.2%和38.7%，持主要由政府负责观点的分别占8.6%和16.6%，而持主要由自己负责观点的分别占4.2%和8.8%。尽管农村地区和居民子女养老的观念有所降低，但转变速度较城镇慢；而政府养老和自己养老的观念虽然有所上升，但增长速度也较城镇慢（图4-2、图4-3）。

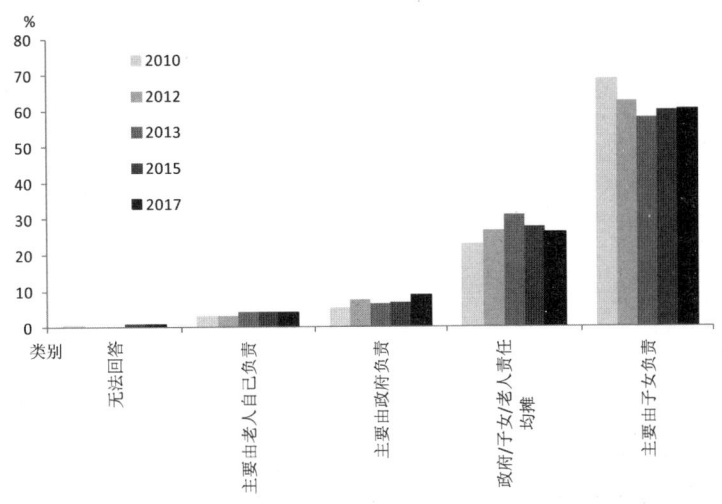

图4-2 农业户口居民养老观念类型结构

数据来源：依据2010—2017年中国综合社会调查（CGSS）数据整理绘制

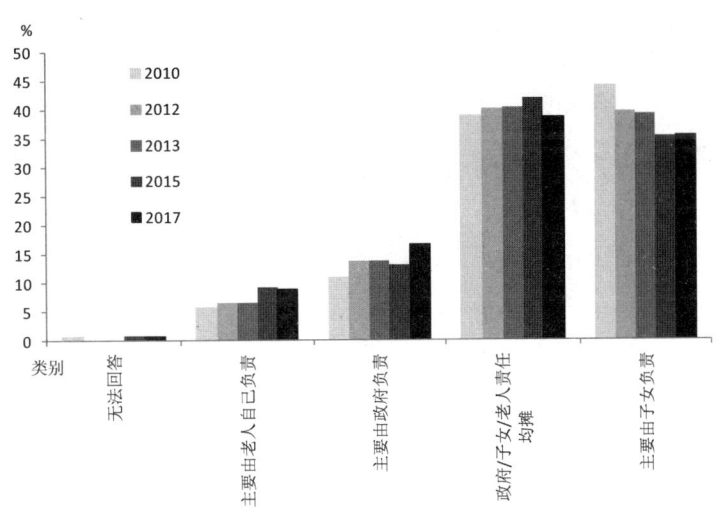

图4-3 非农业户口居民养老观念类型结构

数据来源：依据2010—2017年中国综合社会调查（CGSS）数据整理绘制

城乡地区主导养老观念及其转变的状况表明，城镇居民对于政府和自我养老的接受程度更高，因此可以推测对于商业养老保险的接受程度和认知程度也较农村居民高一些，中短期内我国商业养老保险的需求主要还是来自城镇地区和城镇居民，并且随着未来中国城镇化水平的进一步加深，商业养老保险需求向城镇集中的现象可能仍将持续。

二、投保状况及地区差异

人们对于养老保险的需求会最终体现在他们的投保选择上，从中国综合社会调查（CGSS）的入户调查状况来看，城乡居民商业养老保险的投保比重从2010年的5.8%上升至2017年的7.5%，与商业险医疗保险从8.2%上升至11.6%的状况相比，增幅较小，与基本养老保险、基本医疗保险、新农合和公费医疗的比重相比，参保比重较小（图4-4）。

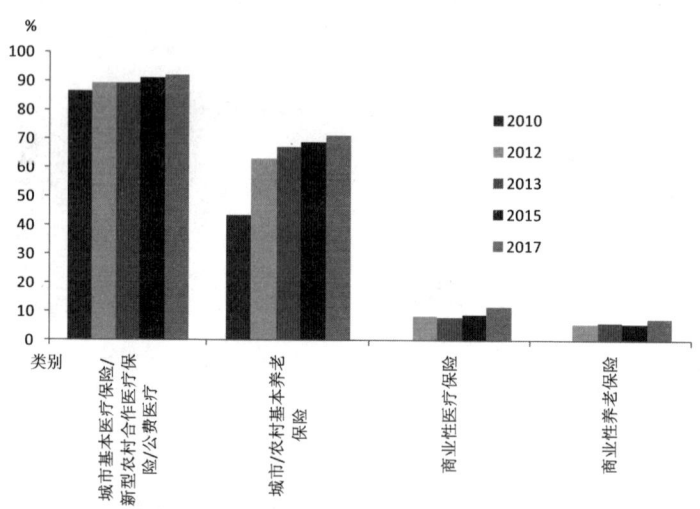

图4-4 居民参加基本医疗、养老保险和商业性保险的比较

数据来源：依据2010—2017年中国综合社会调查（CGSS）数据整理绘制

尽管商业养老保险个人投保呈现比重较小和增幅较小的状况，但是全国不同省市和城乡间呈现出较为明显的差异。从2012—2017年各省区市年均参保率来看，基本养老保险为66.9%，商业养老保险为5.6%。上海、北京、天津、浙江、江苏、山东和山西七省市上述两项比重均处于全国平均水平以上，在这些地区进一步发展商业养老保险，具有"锦上添花"的效果。而黑龙江、吉林、湖北、四川、重庆、江西、新疆、内蒙古、宁夏等中西部地区省区市则呈现两类保险参保率同时低于平均值的状况，在基本养老保险覆盖率提升存在困难的情况下，加快商业养老保险的发展具有"雪中送炭"的作用。广东、福建、

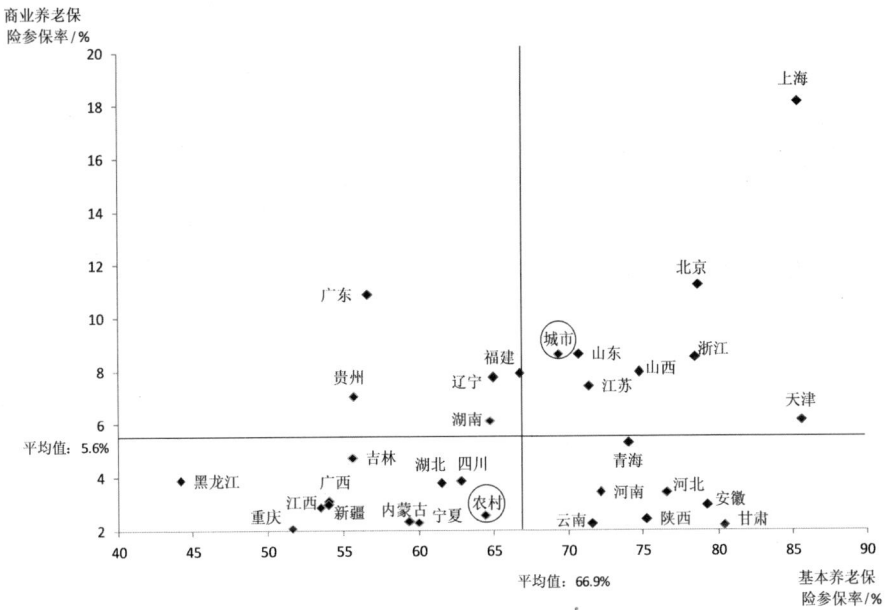

图4-5 各省区市和城乡居民参加基本养老保险和商业养老保险比重年均值

数据来源：依据2012—2017年中国综合社会调查（CGSS）数据整理绘制

辽宁、贵州和湖南五省则表现为商业养老保险参保高于平均水平，而基本养老保险低于平均水平的状况；而河北、河南、安徽、陕西、甘肃、云南和青海则呈现商业养老保险参保低于平均水平，而基本养老保险高于平均水平的状况，商业养老保险的"补充作用"显著（图4-5）。

从城乡居民投保状况的差别来看，城市呈现基本养老保险和商业养老保险两类保险参保率同时较高的状况，而农村地区则呈现双低的状态（图4-5）。2012—2017年，城镇居民只参加基本养老保险的比重从60.36%上升至64.38%，只参加商业性养老保险的比重从1.94%下降至1.74%，两者均参加的比重从6.23%上升至8.46%。农村居民只参加基本养老保险的比重从56.51%上升至66.2%，上升幅度大于城镇居民，只参加商业性养老保险的比重从0.98%下降至0.85%，两者均参加的比重从1.21%上升至1.86%（表4-1）。

表4-1 基本养老保险和商业养老保险参保比重（2012—2017年） 单位：%

		2012年	2013年	2015年	2017年	均值
整体	只参加基本养老保险	58.82	62.32	64.03	65.04	62.55
	只参加商业性养老保险	1.56	1.58	1.14	1.42	1.42
	两者均参加	4.22	4.44	4.78	6.09	4.88
城镇	只参加基本养老保险	60.36	62.01	63.06	64.38	62.45
	只参加商业性养老保险	1.94	1.99	1.42	1.74	1.77
	两者均参加	6.23	6.15	6.65	8.46	6.87
农村	只参加基本养老保险	56.51	62.82	65.34	66.20	62.72
	只参加商业性养老保险	0.98	0.93	0.734	0.85	0.87
	两者均参加	1.21	1.72	2.09	1.86	1.72

数据来源：依据2012—2017年中国综合社会调查（CGSS）数据整理绘制

如果分省区市观察商业养老保险的投保状况，可以进一步发现与上述一致的现象。2012—2017年上海、北京、广东、山东、浙江五省市的居民参加商业养老保险的年均比重均在8%以上，均为大城市或东部地区城市化率比较高的省份，而内蒙古、宁夏、云南、甘肃、重庆的居民参加商业养老保险的年均比重均在2.5%以下，主要是西部地区和农业农村人口比重较高的省区市。从居民参加商业养老保险比重的变化来看，2017年比2012年增长超过2%的省市主要为山西（8.4%）、北京（6.1%）、广东（3.6%）、辽宁（3.3%）、湖北（2.6%）、黑龙江（2.5%）、四川（2.3%）和甘肃（2.2%），东、中、西部省市均有分布，这表明不同地区居民在商业养老保险投保增长上并不存在明显的地域区分（图4-6），随着商业养老保险认知度的上升，中西部地区居民对商业养老保险的需求同样也将扩大。

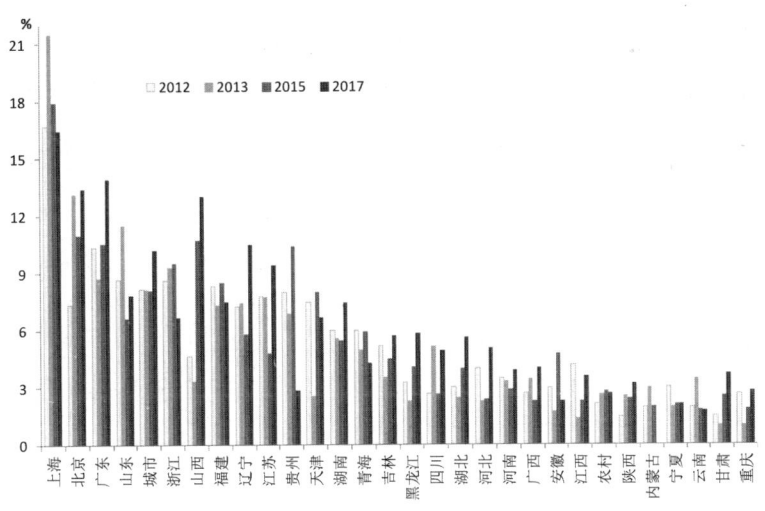

图4-6　各省区市和城乡居民参加商业养老保险比重变化趋势

数据来源：依据2012—2017年中国综合社会调查（CGSS）数据整理绘制

第二节 影响商业养老保险需求的主要因素

一、基本养老保险的可获得性

从中国综合社会调查（CGSS）对居民的投保状况的调查可以发现，城乡均呈现只参加基本养老保险的比重上升，以及只参加商业养老保险的比重下降的趋势，这表明居民在两类养老保险之间的需求可能以一类保险或基本保障为主，因此两者之间存在一定的替代性，随着基本养老保险覆盖面的上升，部分购买能力有限的居民对于商业保险需求有可能下降。

进一步分析，从2012—2018年家庭金融调查数据库（CHFS）所反映的城乡居民参加养老保险类型结构状况来看，能够被新型农村社会养老保险（新农保）、基本养老保险、农村养老保险（老农保）、城镇居民养老保险、机关或事业单位领取离退休金和企业补充养老保险覆盖的居民大约是年均26.5%、9.2%、4.4%、3.9%、2.8%和2.5%。2018年上述六项保险覆盖的总人群大约为59.0%。没有被这六类养老保险覆盖的人群大约占41.0%，其中3.1%会参与包括商业养老保险在内的其他养老保险，大约占总居民数的1.3%，而38.3%的居民则表示没有参加任何类型的养老保险（图4-7）。获得基本养老保险的大部分居民不再购买商业养老保险，而没有获得基本养老保险但具有养老需求的居民参加商业保险的比重又较低,这表明不仅仅是基本养老保险的可获得性影响了居民对于商业养老保险的需求,居民投保能力的高低也是影响商业养老保险需求的重要因素。

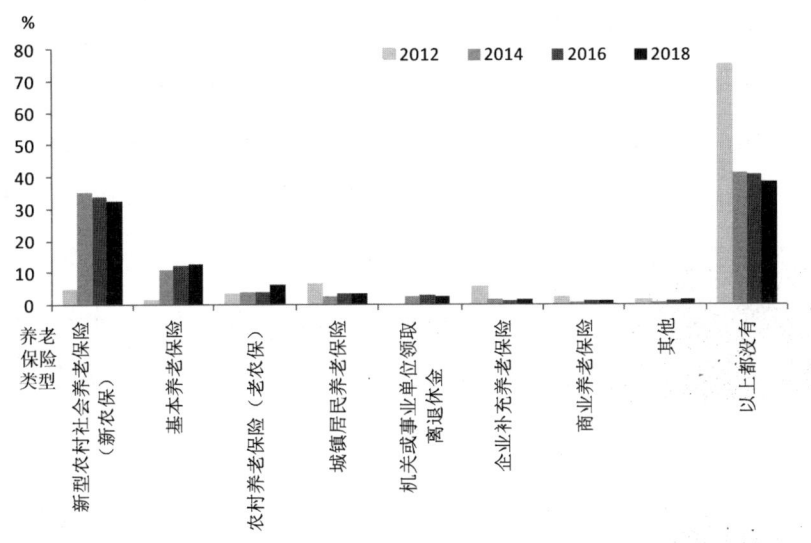

图 4-7 城乡居民参加养老保险类型结构

数据来源:依据 2012—2018 年家庭金融调查数据库 (CHFS) 数据整理绘制

二、居民的收入水平

居民投保能力的高低主要取决于居民的收入水平,这对商业养老保险的需求产生重要影响。家庭金融调查数据库 (CHFS) 显示未被基本养老保险覆盖的城乡居民比重仍然接近 30.0%,这表明在无法获得基本养老保障的情况下,经济能力有限的居民投保商业养老保险的比重并不高;而中国综合社会调查 (CGSS) 又显示基本养老保险和商业养老保险均参加的居民比重有所上升,这表明在已经获得基本养老保障的情况下,部分经济条件较好的居民愿意为更高水平的养老保障买单,但这部分人群的比重较小,并且主要来自城市居民。上述情况均说明收入水平是影响居民商业养老保险需求的重要因素。

从参加不同养老保险的居民收入状况来看,年收入越高的居民越有可能购买商业养老保险,2012—2017 年平均收入在 5.1 万元左右的居民会参加商业性养老保险,在 5.3 万元左右的居民会同时参加商业性养老保险和基本养老保险。但是,只参加商业性养老保险的居民年平均收入为 3.5 万元,低于前两者,这表明部分收入较低又未被基本养老保险覆盖的居民也会参加商业保险从而获得养老保障。而两类保险均不参加的居民年平均收入仅为 2.3 万元,低收入限制了其购买商业养老保险的可能性。参加基本养老保险的居民年平均收入为 3.5 万元,只参加基本养老保险的居民年平均收入为 2.9 万元,这表明在已经获得基本养老保障的群体中,是否再进一步购买补充性的商业养老保险主要取决于居民收入水平的高低(表 4-2)。

从城乡差别来看,2012—2017 年农村地区居民的年平均收入普遍低于城镇居民,年收入在 5.3 万元左右的城镇居民会参加商业性养老保险,年收入在 5.4 万元左右的城镇居民会同时参加商业性养老保险和基本养老保险,而农村居民参与上述两项的相应年平均收入为 3.1 万元和 3.3 万元。参加基本养老保险的城镇居民年均收入为 4.05 万元,只参加商业性养老保险的城镇居民年均收入为 3.7 万元,前者高于后者;而农村居民则相反,参加基本养老保险的农村居民年均收入为 2.1 万元,只参加商业性养老保险的农村居民年均收入为2.7万元。产生这种差异的原因可能是，城镇职工基本养老保险、政府和事业单位退休金、城镇居民社会养老保险以及城乡统一居民社会养老保险所提供的养老保障相对充裕，养老金替代率较高，城镇居民退休后领取的退休金能够较好地保障养老，只参加商业性养老保险的居民反而是社会保障水平较低且收入不高的群体；而农村社会养老保险和新型农村社会养老保险的保障水平较低，很难为农村居民的养老提供基本保障，因此通过购买商业保险实现相对宽裕养老的农村居民通常是收入水平相对较高的群体。两类社会保障均未参加的城镇居民年均收入约为2.8万元，而农村居民则更低，仅为1.8万元（表4-2）。

表4-2　参加不同养老保险的居民年收入均值（2012—2017）　　单位：元

		2012年	2013年	2015年	2017年	均值
整体	两者均参加	50378	33142	70216	58022	52940
	参加商业性养老保险	46629	33681	65527	57507	50836
	参加基本养老保险	23684	24693	34497	47063	32484
	只参加商业性养老保险	36524	23082	42058	37110	34694
	只参加基本养老保险	21656	22573	30714	42821	29441
	两者均未参加	15088	20121	27621	27544	22594
城镇	两者均参加	53153	32909	73483	58112	54414
	参加商业性养老保险	51182	33965	69639	58109	53224
	参加基本养老保险	31081	31360	44064	55364	40467
	只参加商业性养老保险	45146	23317	43591	37353	37352
	只参加基本养老保险	28704	28933	38791	50442	36718
	两者均未参加	19454	23922	35458	33212	28012

续表

		2012年	2013年	2015年	2017年	均值
农村	两者均参加	29981	21541	44693	36169	33096
	参加商业性养老保险	22221	21368	43104	35948	30660
	参加基本养老保险	10700	13402	21449	37850	20850
	只参加商业性养老保险	11498	20018	43036	34829	27345
	只参加基本养老保险	10290	12995	21025	27381	17923
	两者均未参加	10351	15759	21784	24433	18082

数据来源：依据2012—2017年中国综合社会调查（CGSS）数据整理绘制

从2012—2017年中国综合社会调查（CGSS）个体样本所反映的情况来看，不同收入区间内，参加不同类别养老保险的居民分布状况存在差异和一定的规律性。参加基本养老保险和两类保险均参加的居民收入分布呈现单峰特征，年收入在1万～3万元的群体参加基本养老保险的数量较高（图4-8）。而参加商业养老保险的居民收入分布则呈现明显的双峰特征，年收入在10万～30万元和2万～5万元的群体参加商业性养老保险或两类养老保险均参加的数量较高，从收入差距较大这一特征来看，这两个代表性群体对商业性养老保险的种类和服务要求应该存在较大差异；而年收入在1万～2.5万元的群体中只参加商业性养老保险的数量较高，这部分收入较低群体对商业性养老保险的需求更具有基本保障性质（图4-9）。

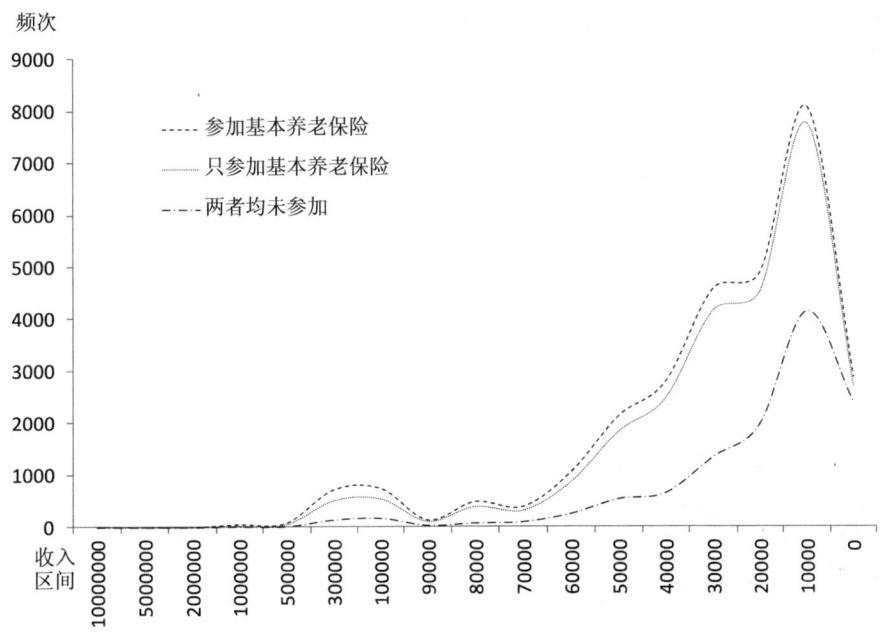

图 4-8 不同收入居民参加基本养老保险类情况

数据来源：依据 2012—2017 年中国综合社会调查（CGSS）数据整理绘制

综上可以发现，从扩大商业养老保险投保率的角度来看，提高城乡居民的收入水平是非常关键的因素，并且商业养老保险应依据不同收入群体的商业养老保险需求状况进行市场细分，提供分层的、更有针对性的产品和服务。

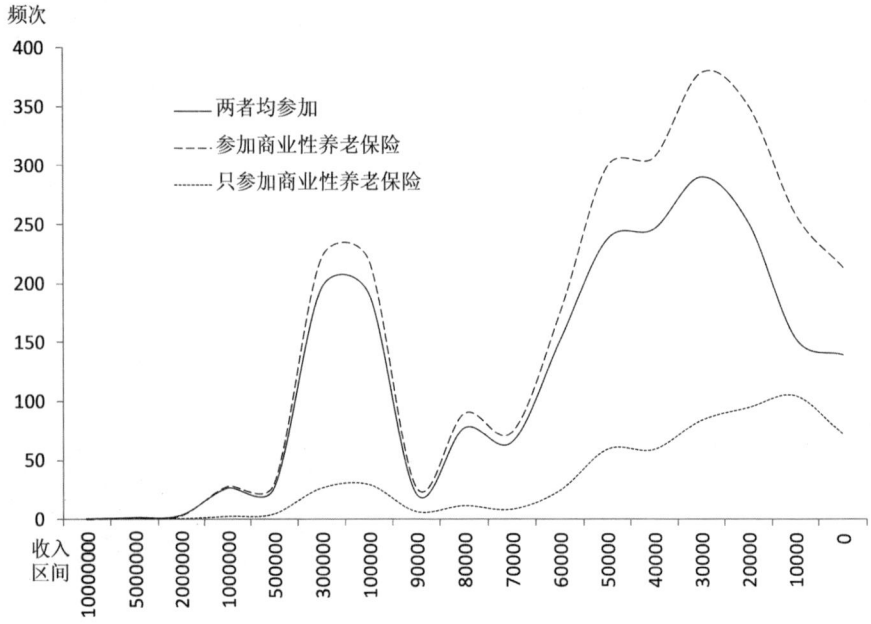

图 4-9　不同收入居民参加商业养老保险类情况

数据来源：依据 2012—2017 年中国综合社会调查（CGSS）数据整理绘制

三、居民对丁养老金融的认知度

在传统的"家庭养老""养儿防老"的模式下，中国居民对于养老金融的认知度较为有限，并且近年来我国城乡基本养老保险制度不断完善，城乡居民对于商业养老保险的需求并不迫切。我国老年人养老收入的主要来源是家庭其他成员供养、劳动收入和基本养老金收入，财产性收入所占比重较低，老年居民的养老金融认知度较低；而从年轻人来看，养老储备的规划年龄普遍较晚，一般在中年以后才开始为养老做储备。并且由于大部分居民的金融专业知识比较匮乏，因此普遍对养老金融产品缺乏认识，对养老金融政策、法律法规、金融产品和金融风险等认知水平较低，因此，即使居民收入水平普遍提升，但养老金融认知有限仍然导致了居民对商业养老保险的需求较低。

观察家庭金融产品配置状况与其不同类型养老保险的参与率，可以发现，来自配置多种金融产品家庭的居民，其商业养老保险的参与率普遍高于没有配置多种金融产品家庭的居民。2014年，前一类家庭有0.53%参加了商业养老保险，有1.3%参加了商业养老保险和基本养老保险或企业/职业年金的组合保险，2018年该两项比重分别提高至1.3%和3.4%；而从后一类家庭来看，有0.46%参加了商业养老保险，有0.7%参加了商业养老保险和基本养老保险或企业/职业年金的组合保险，均低于配置有多种金融产品家庭的居民，2018年该两项比重虽然提高至0.6%和0.8%，但增幅较缓且比重仍低于前一类家庭。而观察两类家庭在基本养老保险或企业/职业年金参与率的水平，则不存在十分显著的差别（表4-3）。

配置多种金融产品的家庭一般会选择股票、基金、债券、信托产品和金融衍生产品，其金融知识储备相对丰富，风险认知水平和承受能力较高，家庭理财意识和能力也相对丰富。金融知识储备和金融市场参与经验有助于提升这些家庭的养老金融和认知水平，因此在商业养老保险接受度上也更高，对于运用商业养老保险提高自身养老水平的需求也更显著。

表4-3 家庭金融产品配置与不同养老保险参与率（2014—2018） 单位:%

		未参加任何养老保险	一种基本养老保险或企业/职业年金	两种基本养老保险或企业/职业年金	三种及以上基本养老保险或企业/职业年金	商业养老保险	商业险+一种基本养老保险或企业/职业年金	商业险+两种基本养老保险或企业/职业年金	商业险+三种及以上基本养老保险或企业/职业年金
整体	2014年	54.24	42.58	1.82	0.19	0.46	0.58	0.08	0.04
	2016年	53.25	43.11	1.79	0.36	0.62	0.68	0.09	0.10
	2018年	55.63	40.73	1.77	0.28	0.62	0.77	0.14	0.06
配置多种金融产品	2014年	65.60	27.20	5.07	0.27	0.53	0.80	0.27	0.27
	2016年	42.24	44.96	6.49	1.56	1.16	2.49	0.87	0.23
	2018年	47.89	41.12	5.25	1.03	1.30	1.95	0.92	0.54
没有配置多种金融产品	2014年	54.12	42.74	1.79	0.19	0.46	0.58	0.08	0.04
	2016年	53.85	43.01	1.53	0.30	0.59	0.58	0.04	0.09
	2018年	56.09	40.70	1.57	0.23	0.58	0.70	0.10	0.03

数据来源：依据2014—2018年家庭金融调查数据库（CHFS）数据整理绘制

四、商业养老保险产品的质量和价格

无论是从居民收入水平还是从金融产品认知状况与商业养老保险的关系来看，商业养老保险的分层状况都比较明显，即一部分商业养老保险主要服务于退休后依然希望享受高质量生活的高收入人群，另一部分则主要服务于缺乏基本养老保险从而未来可能不能保障自己老年生活的人群。

对于第一类人群，由于收入水平较高，因此商业养老保险的保费可能不成为阻碍其需求的主要因素，商业养老保险公司主要需要考虑产品和服务的质量问题。目前，我国商业养老保险公司在产品设计方面存在较为明显的同质化和单一化现象，产品、服务条款和养老金给付方面都趋于一致，这一方面导致其无法满足多样化的养老保障需求；另一方面也容易形成公司之间的恶性竞争，恶化商业养老保险行业的市场环境。商业养老保险从业人员专业性不足、营销方式不规范，也影响了产品和服务质量的提升，由于商业养老保险发展较为初级，精算、核保、法律、险种设计与产品开发、特殊风险评估等人才目前在商业养老保险行业较为稀缺，大量保险代理人的选拔仍然以扩充营销队伍为主，人员专业知识储备要求低，定期培训较少，销售方式也缺乏规范。

对于第二类人群，虽然近年来我国的人均可支配收入在不断提高，但普通人支付保费，尤其是定位较高的商业养老保险依旧存在困难。目前不少寿险公司推出的商业养老产品缴费时间和金额有了较大的灵活性，但是对于中低收入人群而言，依然较难承担。尤其对于农村和农业人口，基本养老保险未覆盖的人群主要分布在农业人口集中地区，但大多数商业养老保险公司在农村的保险营销成本和保险管理业务成本高于城镇，在政策没有明显支持的情况下，传统商业养老保险公司缺乏进入农村市场的动力。同时，农村的大多数农民经济基础薄弱，保费负担能力有限,不具备购买大额保单的能力,在基层地区开发客户的保险业从业人员又因为不恰当的个人营销方式,如讲解保险产品不专业、低素质、重承保、轻售后等服务质量较低现象的存在,导致第二类群体的保险需求无法得到有效满足。

第五章

商业养老保险的供给及主要影响因素

第一节 商业养老保险的供给现状

一、商业养老保险的深度

我国商业养老保障服务的提供者主要有两类,一类是一般性寿险公司,另一类是专业性养老保险机构。截至 2018 年年底,我国共有 77 家人身保险公司,其中专业养老保险公司有 6 家,分别为太平养老、平安养老、国寿养老、长江养老、泰康养老和安邦养老。

商业养老保险的供给状况可以从深度和密度两方面来考察,前者指某地区商业养老保险保费收入占该地区国内生产总值之比,反映了商业养老保险在该地区国民经济中的地位;而后者是指某地区常住人口的平均商业养老保险费数额,反映了该地区商业养老保险的发展状况以及人们保险意识的强弱。

从商业养老保险的深度来看,全国整体的保险深度和人身险深度基本呈现波动上升态势,从 1994 年的两者均不到 1.0% 上升至 2020 年的超过 4.0% 和 3.0%,2018 年中国保险深度位列全球第 38 位,与全球平均水平 6.1% 相差 1.9%。其中直接与养老相关的寿险深度也呈现上升趋势,四个直辖市中,目前寿险深度最高的是北京,然后依次为天津、上海和重庆(图 5-1)。

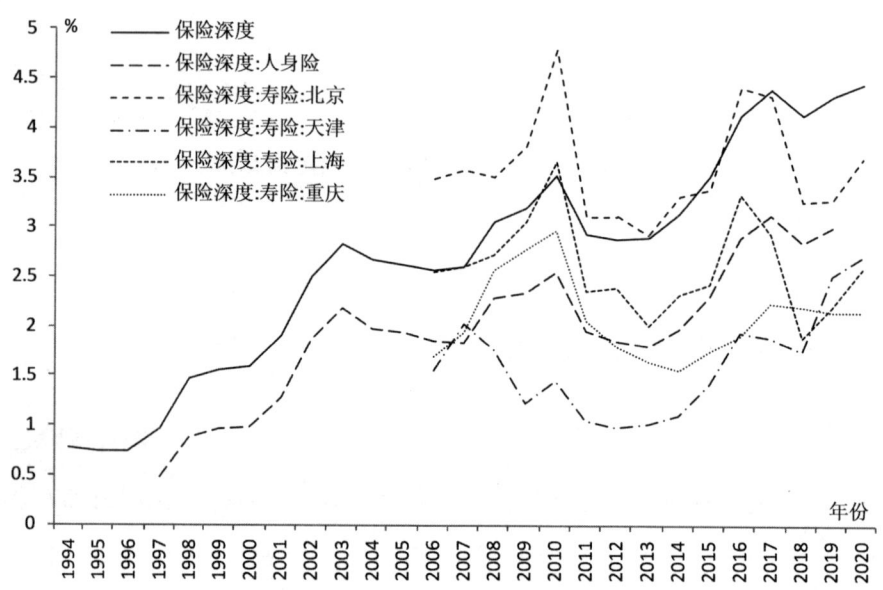

图 5-1　全国和直辖市保险和寿险深度

数据来源：Wind 数据库

第五章 商业养老保险的供给及主要影响因素

从东、中、西部地区商业养老保险深度的比较来看，三个地区均呈现相似的阶段性发展规律，2006—2009 年呈现上升趋势，2010—2014 年出现深度下降和持续较低的状况，而从 2016 年开始则又呈现较快增长的态势。东、中部地区的寿险深度高于西部地区，东部地区的海南、江苏，中部地区的河南、山西和吉林等省区较高，而西部地区的西藏、贵州和云南等省区商业养老保险深度则处于较低水平（图 5 - 2、图 5 - 3、图 5 - 4）。

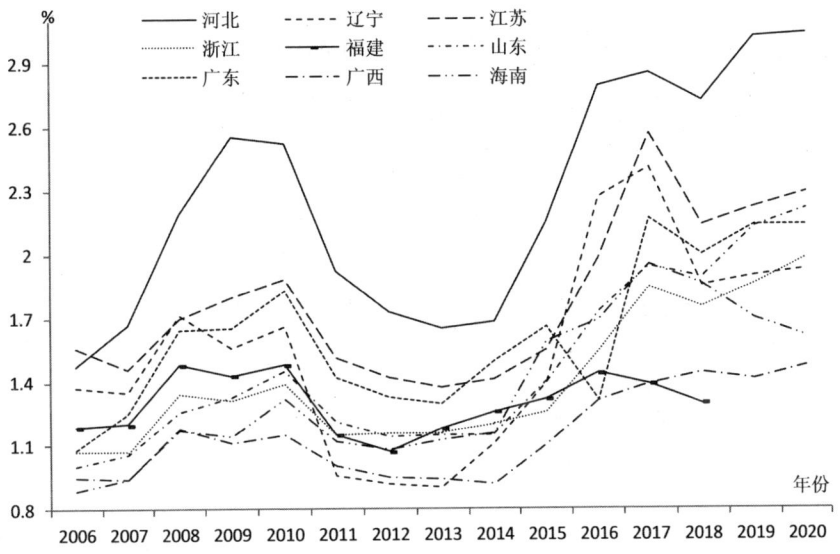

图 5 - 2　东部地区省区寿险深度

数据来源：Wind 数据库

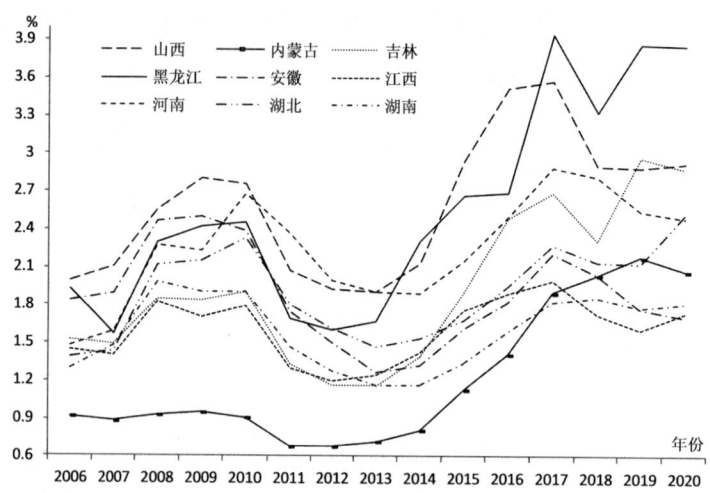

图 5-3 中部地区省区寿险深度

数据来源：Wind 数据库

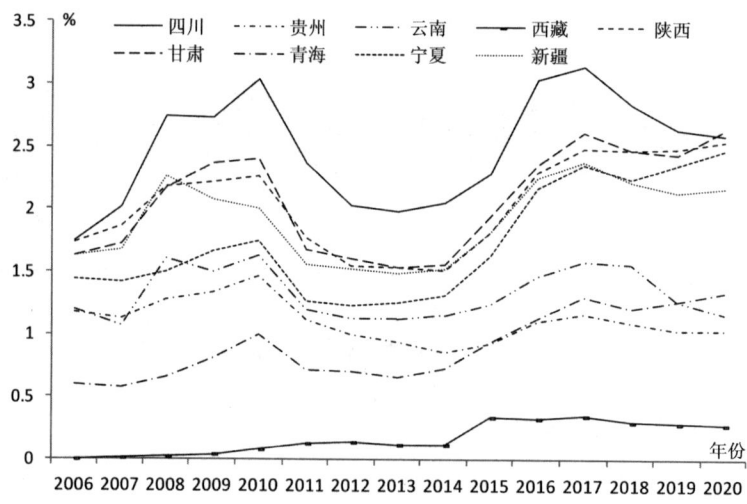

图 5-4 西部地区省区寿险深度

数据来源：Wind 数据库

虽然改革开放以来市场经济深入发展，但中国各地区家庭财富的分布状况和金融业的发展水平却呈现不均衡的状态。不同地区的商业养老保险发展水平一方面取决于地区经济发展和财富水平；另一方面也取决于银行及保险业的发展水平，包括网点布局、从业人才、业务能力等，经济欠发达地区和农村地区第三支柱商业保险发展不足的状况短期内难以迅速改善。

二、商业养老保险的密度

从商业养老保险的密度来看，全国整体的保险密度和人身险密度呈现上升态势，前者从1994年的不到33.6元/人上升至2020年的超过3064.5元/人，后者从1997年的31.7元/人上升至2020年的超过2129.1元/人，2018年我国保险密度位列全球第44位，距离全球平均水平682.0美元有较大差距。寿险密度也呈现平稳上升趋势，四个直辖市中，2020年寿险密度最高的是北京5392.3元/人，随后依次为上海3458.9元/人、天津2276.3元/人和重庆1627.0元/人（图5-5）。

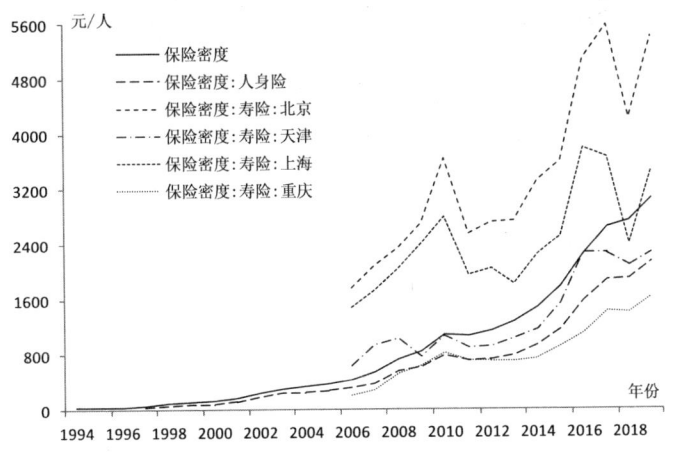

图5-5　全国和直辖市保险和寿险密度

数据来源：Wind数据库

从东、中、西部地区商业养老保险密度的发展状况来看，三者均呈现稳步上升态势，东部地区的寿险密度高于中部和西部，东部地区密度目前最高的是江苏，2020年为2748.4元/人，广东、浙江两省区也达到了2000元/人左右，海南和广西两省区较低，均在1000元/人以下。2020年中部地区省区的寿险密度均在1800元/人以下，且与东部和西部地区相比，各省之间的差异性较小，湖北省相对其他中部省区高，而江西省则在1000元/人以下。2020年西部地区省区的寿险密度基本在1500元/人以下，仅陕西一省高于1500元/人，甘肃、青海、云南、贵州和西藏五省区的寿险密度均不超过1000元/人（图5-6、图5-7、图5-8）。

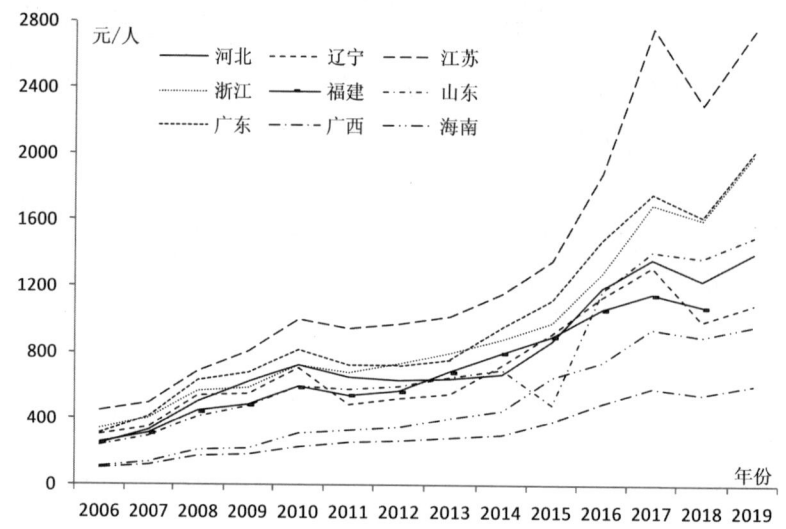

图5-6　东部地区省区寿险密度

数据来源：Wind数据库

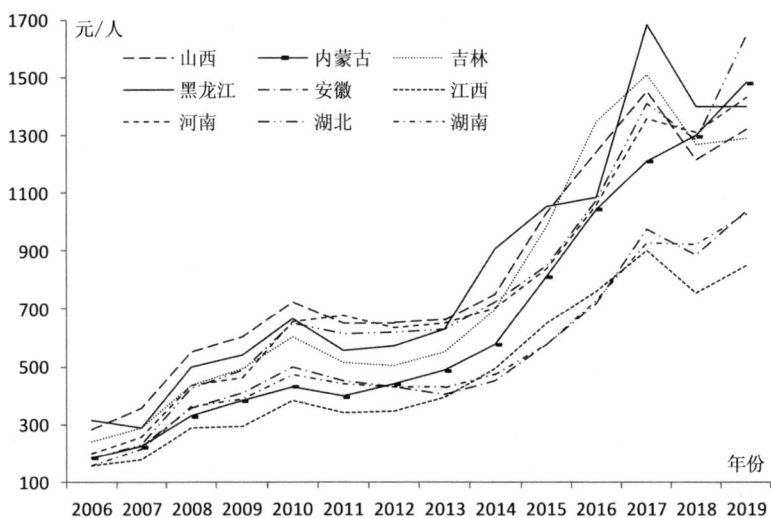

图 5-7 中部地区省区寿险密度

数据来源：Wind 数据库

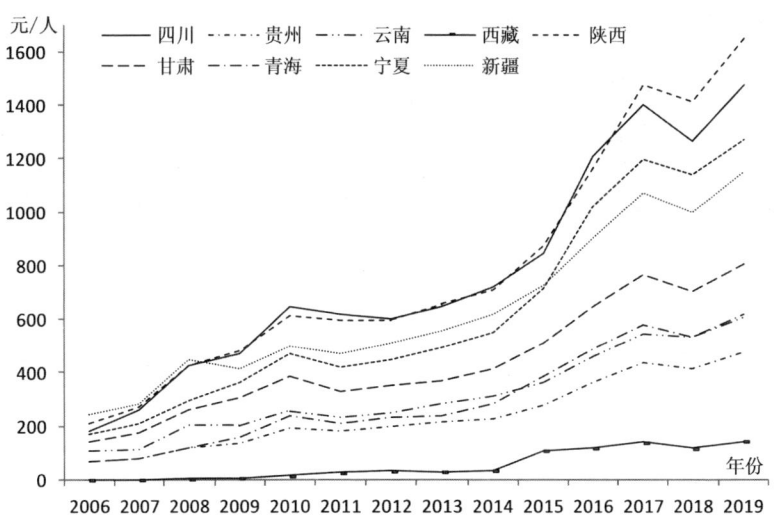

图 5-8 西部地区省区寿险密度

数据来源：Wind 数据库

对比成熟保险市场的保险密度指标，我国人均保险产品保有量和经济总量不相称，保险渗透率不足，区域发展不平衡。虽然近年来我国商业养老保险规模不断扩大，保险密度较之前有较大提升，但仍与世界经济发达地区存在一定差距，商业养老保险市场仍存在较大增长空间。

三、商业养老保险个人业务状况

商业养老保险是养老保险第三支柱的主要供给者，但从商业养老保险产品供给机构所提供的服务类型来看，不但有个人业务，也有团体业务。其中个人商业养老保险是保险公司针对个人需求为其提供的养老保险保障，而团体养老保险是保险公司以专业技能为企业提供员工养老计划，解决企业员工的养老问题，前者是居民个体参与养老保险第三支柱的主要体现，而后者是企业、事业单位、机关和社会团体等组织的成员作为被保险人，共用一份保险合同承保，在被保险人生存至国家规定的退休年龄后，按照保险合同约定给付养老金的人寿保险，团体养老保险是企业参与养老保险第二支柱，也就是企业/职业年金制度的主要方式。

从商业养老保险的个人业务状况来看，个人寿险业务规模总体呈现增长状态，北京从2005年的160.2亿元增长至2018年的976.6亿元，目前在四个直辖市中处于最高水平，上海、重庆和天津2018年为614.7亿元、458.1亿元和328.8亿元，分别比2005年增了4倍、12倍和6倍（图5-9）。

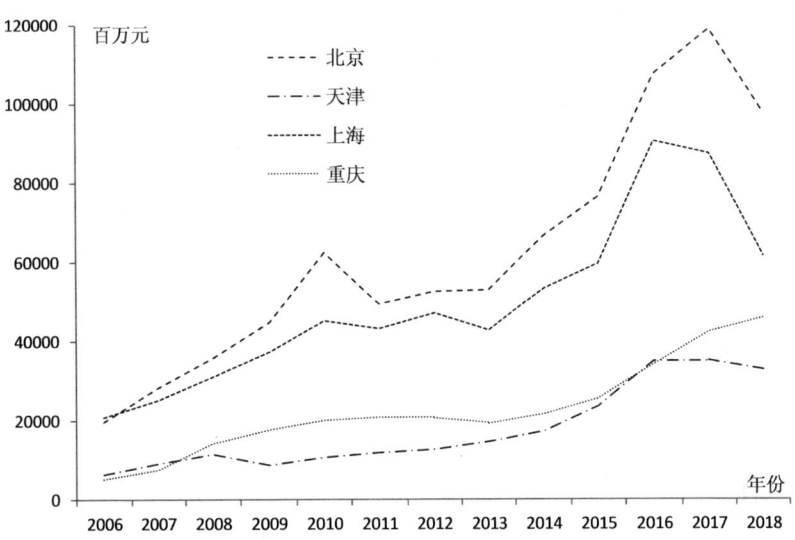

图 5-9 直辖市个人寿险业务保费规模

数据来源：Wind 数据库

东、中、西部地区的个人寿险业务规模存在差异，东部地区显著高于中西部地区。2018 年江苏、广东两省的保费规模约为 2000 亿元，500 亿元以下的东部地区省份仅有广西和海南（图 5-10）。中部地区个人寿险业务规模较高的省区为河南和湖北，2018 年前者保费规模为 1347.8 亿元，后者为 854.2 亿元，山西、吉林、江西及内蒙古的保费规模均低于 500 亿元（图 5-11）。而西部地区个人寿险业务规模较高的省区为四川 1152.2 亿元，其他大部分省区均在 300 亿元以下（5-12）。

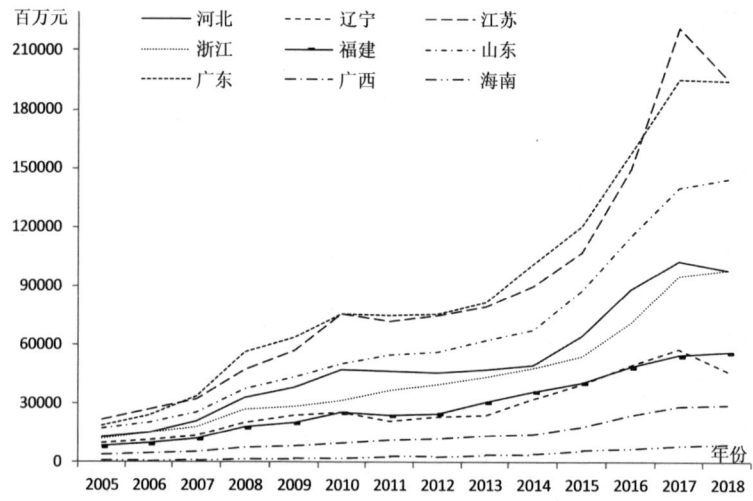

图 5-10 东部省区寿险业务保费规模

数据来源：Wind 数据库

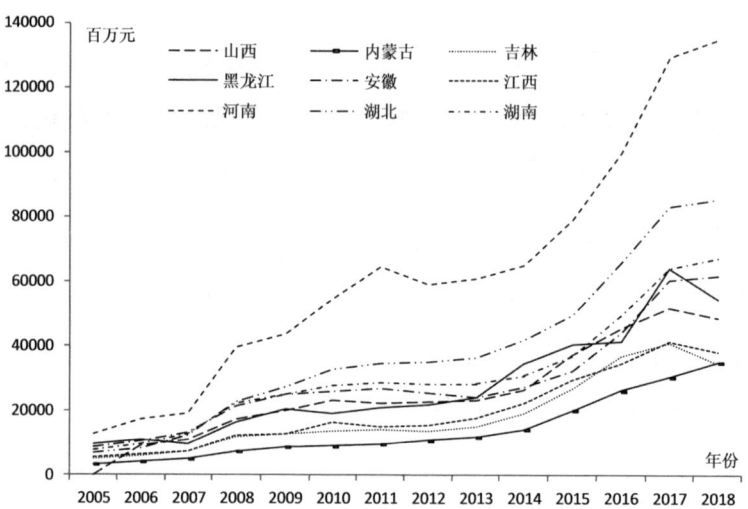

图 5-11 中部省区寿险业务保费规模

数据来源：Wind 数据库

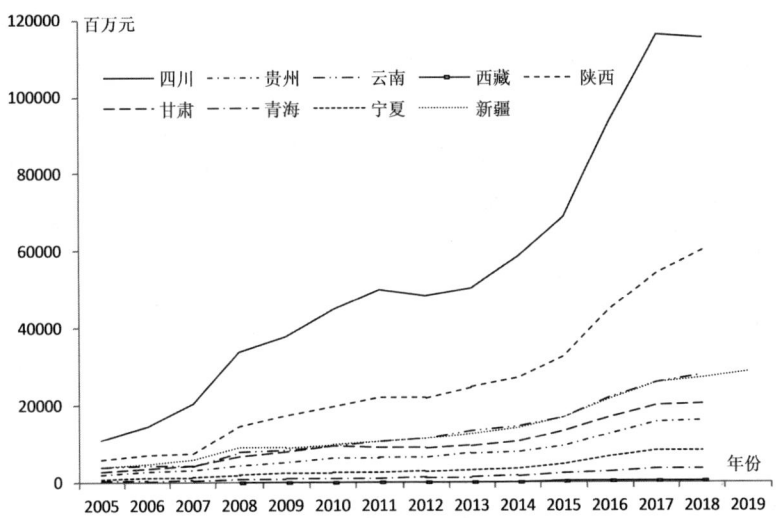

图 5-12 西部省区寿险业务保费规模

数据来源：Wind 数据库

从个人寿险产品的类型来看，目前各类保险公司提供的、直接与个人养老相关的商业保险主要有四类——普通寿险、分红寿险、万能寿险和投资连接型寿险（图5-13）。

普通寿险以个人为签约对象，是发展最早且较为成熟的个人寿险，根据保险缴付方式又可分为年缴、半年缴和月缴等；根据缴付期限的长短可分为一次缴、短期缴和全期缴等。2005年，我国普通寿险保费规模为750.9亿元，至2013年一直处于缓慢发展阶段，之后呈现快速增长态势，2017年达到阶段性最高值11523.8亿元，成为当时规模最大的个人寿险种类，至2018年，普通寿险的保费规模回落至8043.9亿元。

分红寿险指在获得人寿保险的同时，保险公司将实际经营生产的盈

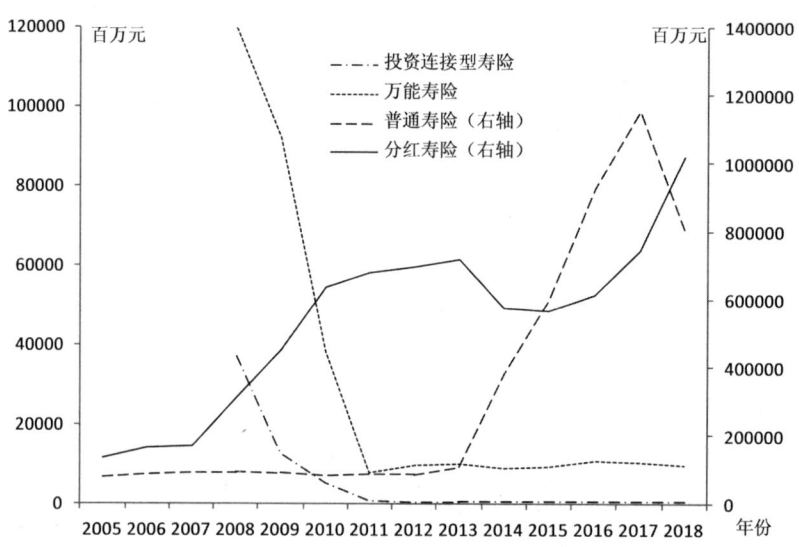

图 5-13 不同种类个人寿险保费规模

数据来源：Wind 数据库

余，按一定比例向保单持有人进行红利分配的人寿保险品种，相对于传统保障型的普通寿险，分红寿险向投保人提供的是非保障的保险利益，红利的分配还会影响保险公司的负债水平、投资策略以及偿付能力，目前也是发展速度较快的个人寿险类型。2005 年，我国分红寿险的保费规模约为 1323.0 亿元，之后呈现波动上升趋势，2015 年之后快速增长，并超过普通寿险，成为目前规模最大的个人寿险种类，2018 年保费规模达到 10176.0 亿元。

万能寿险是至少在一个投资账户拥有一定资产价值的寿险，除了同其他寿险一样给予保护生命保障外，还可以让客户直接参与由保险公司为投保人建立的投资账户内资金的投资活动，将保单的价值与保险公司独立运作的投保人投资账户资金的业绩联系起来。万能寿险的基本结构是可续的定期寿险加上一个独立的个人投资账户,并且其保障部分和投资部分的比例可以根据个人不同的发展阶段需求而进行相对灵活的调整。2008年,我国万能寿险推出初期的保费规模为1194.5亿元,但面临与投资连接型寿险相似的发展问题,因此规模持续下降,2011—2018年发展几乎停滞,年均保费规模约为95.0亿元。

投资连接型寿险与投资收益有关联,保险公司的投资收益及亏损与客户共享,其定期寿险再加投资收益的运作方式类似于共同基金,一般来说,投资部分的保险费放入单独的账户,并且只对公开交易的证券进行投资,投资总收益来自证券市价的升值、股息和利息等,有助于增强对通货膨胀的防御能力和保持本金的适度安全性。我国投资连接型寿险的推出晚于普通寿险和分红寿险,2008年保费总额约370.2亿元,其后的发展并不顺利,2009—2012年保费规模持续迅速下跌,目前维持在年均3.7亿元的水平。尽管投资连接型寿险有不少优势,但是由于寿险公司要将利差收益均回馈给客户,寿险公司本身的利润增长将会减缓,同时由于要求业务人员具备更多的投资技能,客户具有更高的金融知识和风险意识,对于从业人员和客户的培训要求较高,因此比较受金融市场成熟程度的限制,发展相对缓慢。

从不同省区各类个人寿险的比较来看,2005—2018年广东、江苏、山东与河南四省的分红寿险规模总计均超过5000亿元,且这四个省份的普通寿险规模均超过3000亿元,传统商业养老保险的发展规模较大;而青海、四川和西藏三省区的普通寿险和分红寿险规模未超过150亿元和 100 亿元，规模较小（图 5-14、图 5-15）。

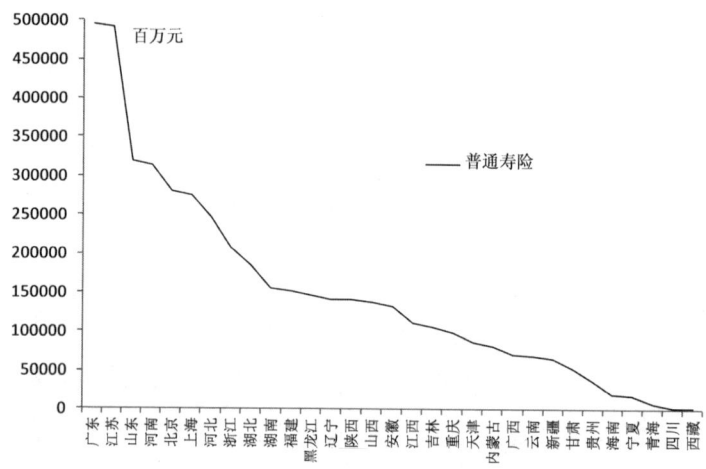

图 5-14　各省区市普通寿险业务保费排序

数据来源：Wind 数据库，普通寿险为 2005—2018 年保费规模总和

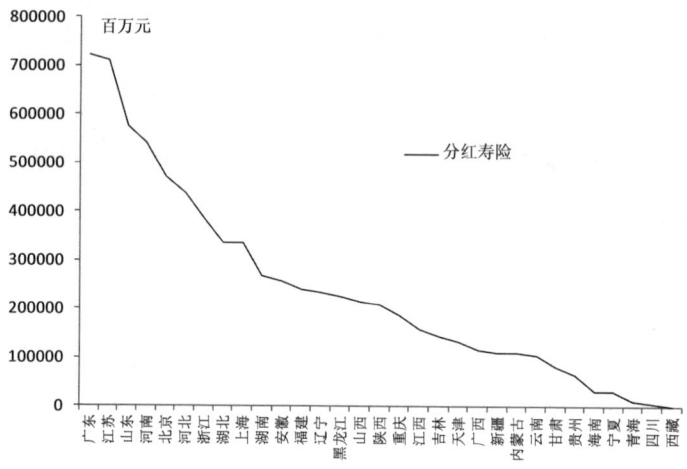

图 5-15　各省区市分红寿险业务保费排序

数据来源：Wind 数据库，分红寿险为 2005—2018 年保费规模总和

2008—2018年,北京、上海、广东和江苏四省市的万能寿险规模总计超过200亿元,且这四个省市的投资连接型寿险规模超过50亿元,处于国内各省份较高水平;而海南、宁夏、青海、四川、西藏五省区的万能寿险规模不到15亿元,投资连接型寿险规模不到1亿元,相关市场几乎没有开发(图5-16、图5-17)。

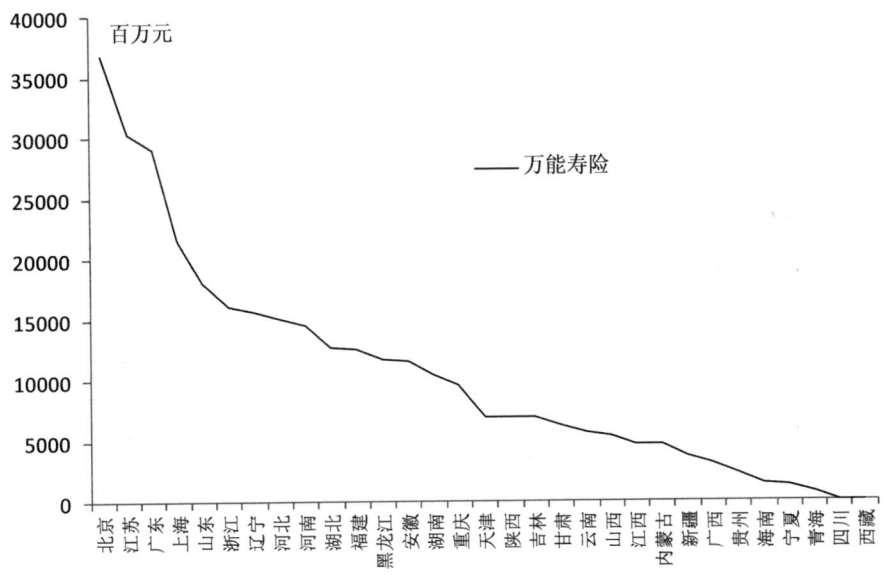

图5-16 各省区市万能寿险业务保费排序

数据来源:Wind数据库,万能寿险为2008—2018年保费规模总和

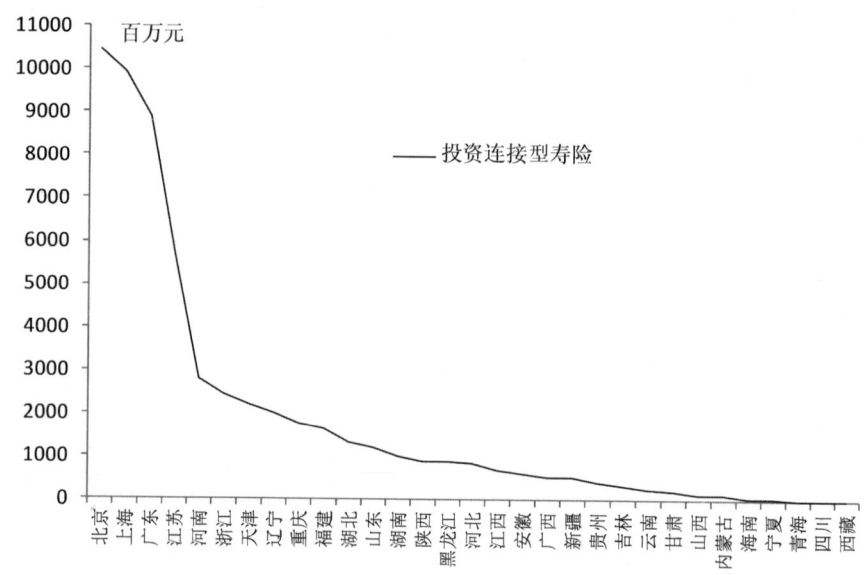

图 5-17　各省区市投资连接型寿险业务保费排序

数据来源：Wind 数据库，投资连接型寿险为 2008—2018 年保费规模总和

综上发现，从个人寿险产品的类型发展状况来看，我国商业养老保险供给类型的多样性有待提升，地区发展不平衡的状况十分显著。目前，我国一般性寿险公司和专业性养老保险机构所提供的商业养老产品种类大致相同，同质化程度高且产品创新不足，个人养老保险产品中尚无针对不同群体如独生子女家庭、失独老人或拥有自有住房老人的养老产品，无法满足不同群体的养老需求。老年人与专属保险产品之间未能进行有效适配，部分保险公司未能结合老年人身体情况、风险特征等状况量体裁衣，从而无法设计有效、合理的养老专属产品，部分老年人身体条件欠佳，也很难买到适合的保险产品。因此，保险公司需要考虑安

全性、性价比、风险保障等多方面因素，开发更多可供企业和居民选择的养老保险产品。

从不同省区市内部各类个人寿险的发展状况来看，目前各省区市普遍呈现分红寿险和普通寿险为主，而万能寿险和投资连接型寿险为辅的状况。按照保费占比来看，分红寿险和普通寿险比重最高的是四川71.2%和西藏60.3%，中西部地区多以传统寿险为主；万能寿险和投资连接型寿险比重较高的是北京4.6%和上海1.5%，以直辖市和东部省区为主（图5-18），主要与这些地区的金融市场发展水平、保险金融业人才集中度、客户保险投资意识和金融知识储备有关，但整体而言万能寿险和投资连接型寿险规模仍然远低于传统寿险。

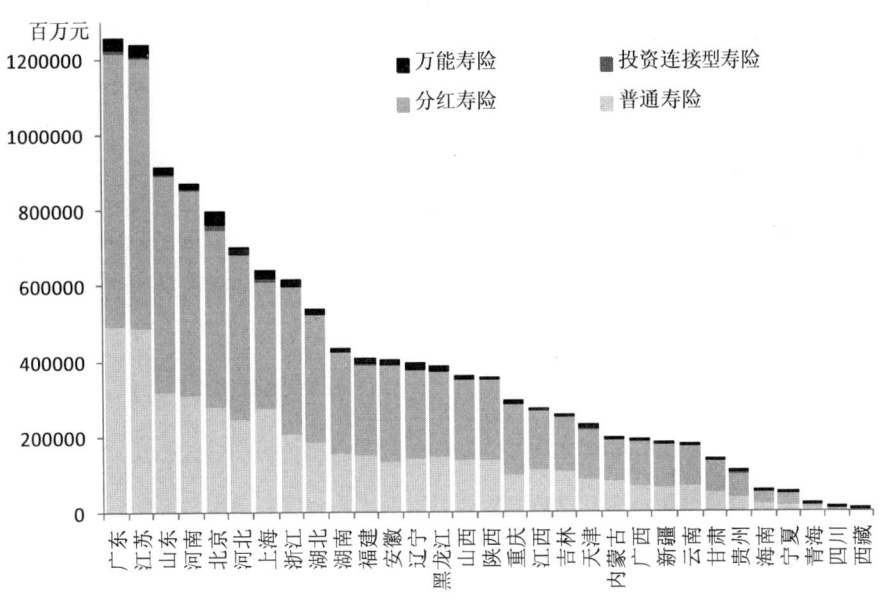

图5-18 各省区市不同种类个人寿险保费结构

数据来源：Wind数据库

同时,对于地区发展不平衡的状况,需要予以更多关注,我国中西部地区同样面临人口老龄化的问题,并且随着城市化水平的提升,我国农村地区的养老问题逐步凸显,并且呈现比城市更严峻的状况。在第一支柱和第二支柱无法完全有效提供养老保障的状况下,发展这些地区的商业养老保险显得更为迫切。地方政府部门也应当在税收等方面给予更多的政策支持,并结合普惠金融扶持中西部和农村地区的导向,鼓励保险公司开发创新更多的商业养老保险产品,提供更加贴合实际的养老金融服务,满足这些地区的养老需求。

四、商业养老保险团体业务状况

商业养老保险团体业务是以某个企业、事业单位、机关和社会团体等组织的成员为被保险人的人寿保险,是企业/职业年金制度的主要依托。从2018—2019年的发展状况来看,保险公司、商业银行、养老基金管理公司和信托公司均不同程度地参与企业/职业年金基金管理,其中保险公司受托资产规模最大,占73.0%~75.6%,计划直接投资养老金产品资产净值占86.4%~89.8%,其次是商业银行,受托资产规模占16.1%~18.6%,计划直接投资养老金产品资产净值占7.5%~10.5%(表5-1)。而养老基金管理公司和信托公司的受托管理资产份额较小,两者之和约为8.3%。

表5-1 企业/职业年金基金法人受托管理情况（2018—2019年）

年份	主体类型	企业数（个）	职工人数（人）	受托管理资产金额（万元）	计划直投养老金产品资产净值（万元）
2019	保险公司	70189	14575560	91026635	3115884
	商业银行	2482	2949121	23169083	375209
	养老基金管理公司	3035	1381635	9337362	11333
	信托公司	306	142941	1076487	86809
2018	保险公司	61379	12356144	75048892	2434851
	商业银行	2014	2227978	15985921	203870
	养老基金管理公司	2612	1170901	7339911	2493
	信托公司	256	120607	929425	81867

数据来源：依据人力资源和社会保障部《全国企业年金基金业务数据摘要》2018年、2019年数据整理绘制

从商业银行承托养老保险团体业务的状况来看，目前主要有中国工商银行、中国建设银行、中国银行、交通银行、招商银行、中国光大银行、中信银行股份有限公司、上海浦东发展银行、中国农业银行和中国民生银行等承担企业/职业年金基金托管，其中中国工商银行、中国建设银行和中国银行业务规模较大，2019年托管资产金额分别是6219.2亿元、3226.5亿元和2466.5亿元，其中企业账户数为3.8万个、0.9万个和1.0万个，个人账户数为1076.1万个、322.9万个和303.8万个。其余各商业银行托管资产金额基本不超过1000亿元，企业和个人账户数在0.6万个和100万个以下（图5-19）。

商业银行参与企业/职业年金基金托管规模较小的状况的产生有几个原因：一方面，长期以来商业养老保险在我国养老保险体系中定位模糊，政策和法律支持不到位，商业银行在参与客户获取、账户管理等业务方面具有参与能力，但在产品提供和投资管理上不具备资格，因此参与度较小；另一方面，企业和居民对商业养老保险的认知不够全面，再加上中小企业/职业年金托管规模较小，大型商业银行对于该项业务的承接热情不高，因此发展较为滞后。

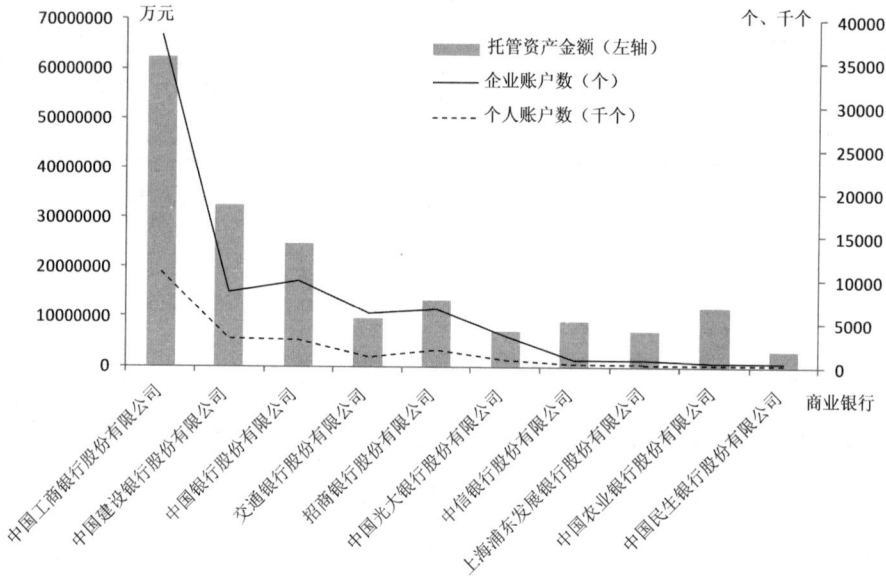

图 5-19 企业/职业年金基金托管商业银行资产额和账户数（2019 年）

数据来源：人力资源和社会保障部《全国企业年金基金业务数据摘要 2019》

从一般寿险公司和专业养老保险公司团体业务规模的发展趋势来看，也呈现逐步分化的趋势。2005年以来，一般寿险公司的人寿险团体业务保费规模呈现整体下降趋势，四个直辖市中，北京从2005年的229.2亿元下降至2018年的13.8亿元，上海从2005年的52.3亿元上升至2009年的85.8亿元后持续下降，2018年为4.7亿元，天津、重庆两市的团体寿险业务规模在2005—2018年均处于较低水平，保费总额在多数年份不超过10亿元（图5-20）。

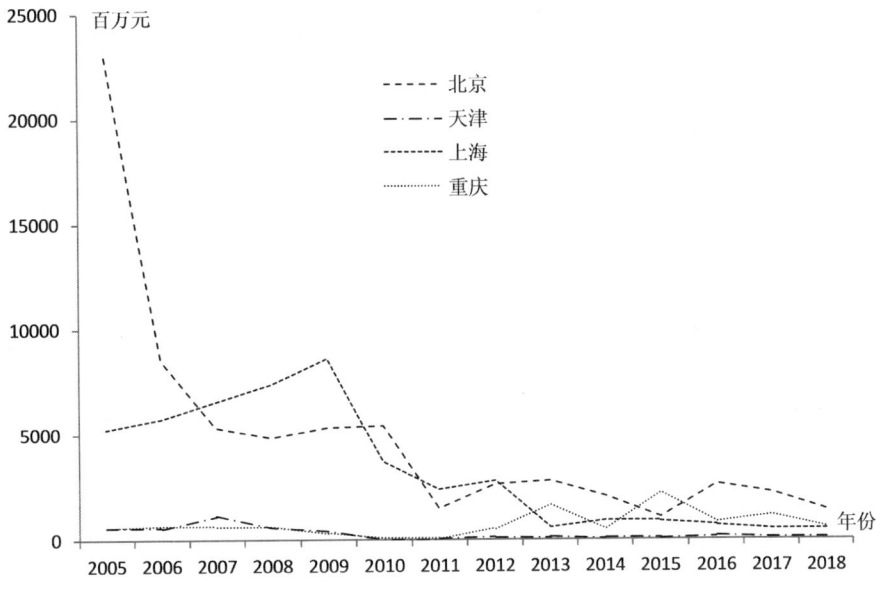

图5-20　直辖市团体寿险业务保费规模

数据来源：Wind 数据库

东部省区人寿险团体业务规模较大的是江苏省和广东省，但两者的规模也处于下降状态，分别从2005年的70.4亿元和47.7亿元下降至

2018年的26.2亿元和4.6亿元,其他各省区的团体寿险保费规模在2010年后均处于较低水平(图5-21)。中部省区人寿险团体业务规模较大的是河南省,2007年最高峰时期大约是58.7亿元,但其后呈现下降趋势,其他各省市在大部分年份的保费规模不超过20亿元(图5-22)。西部省区人寿险团体业务发展水平则显著低于东部和中部省区,所有省区的年度保费规模不超过15亿元,区域内业务规模较大的为陕西、云南和四川三省,但其发展趋势也呈现下降状况,目前西部各省区人寿险团体业务保费规模均低于4亿元(图5-23)。

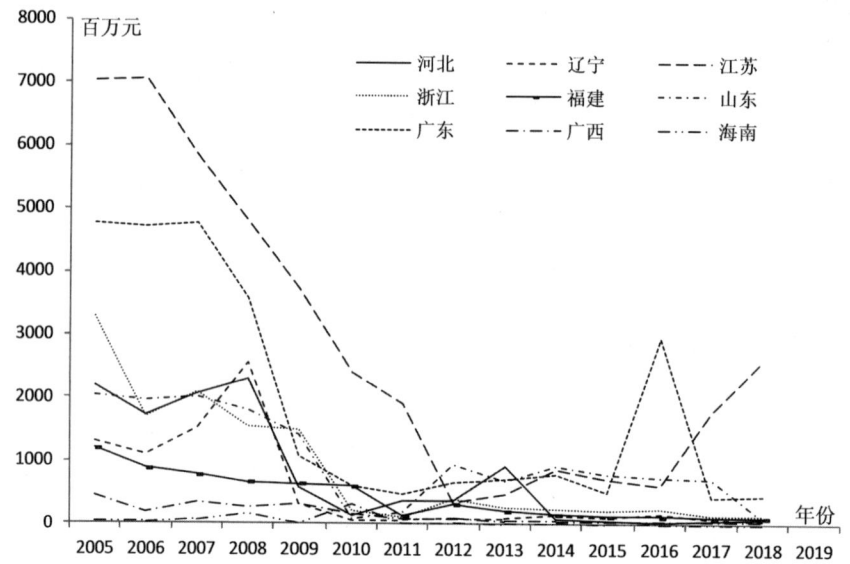

图5-21 东部省区市团体寿险业务保费规模

数据来源:Wind数据库

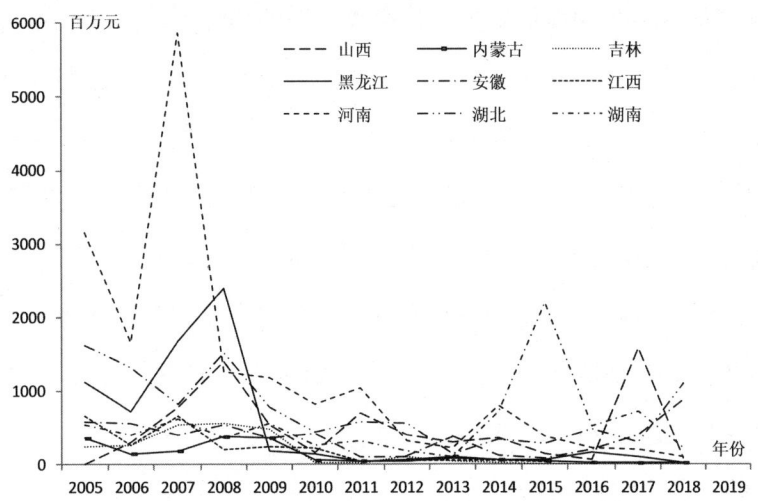

图 5-22 中部省区市团体寿险业务保费规模

数据来源：Wind 数据库

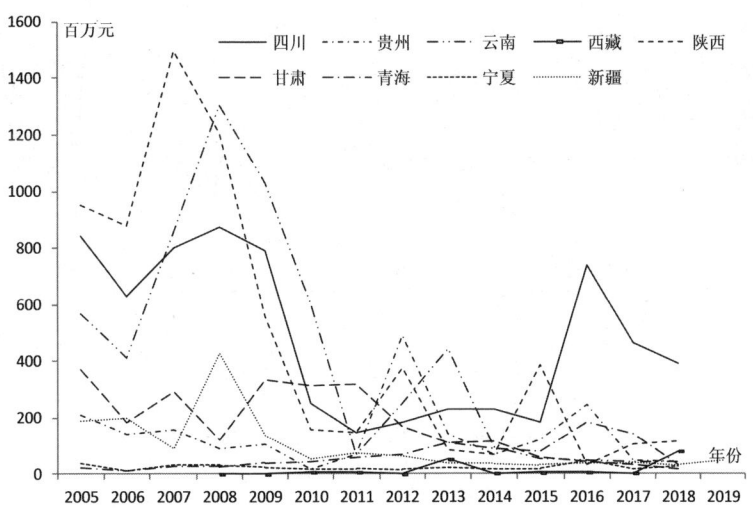

图 5-23 西部省区市团体寿险业务保费规模

数据来源：Wind 数据库

与一般寿险公司团体业务规模整体收缩的趋势不同，专业养老保险公司团体业务规模则呈现上升状况。我国目前专业养老保险公司包括太平养老、平安养老、国寿养老、长江养老、泰康养老等，从其养老保险企业/职业年金缴费额来看，呈现逐年上升趋势，总体规模从2007年第2季度的9.3亿元上升至2018年第4季度的2581.3亿元。其中平安养老和国寿养老规模最大，2018年第4季度的缴费规模分别是863.5亿元和920.1亿元，而太平养老、长江养老和泰康养老的企业缴费规模是200亿~300亿元（图5-24）。

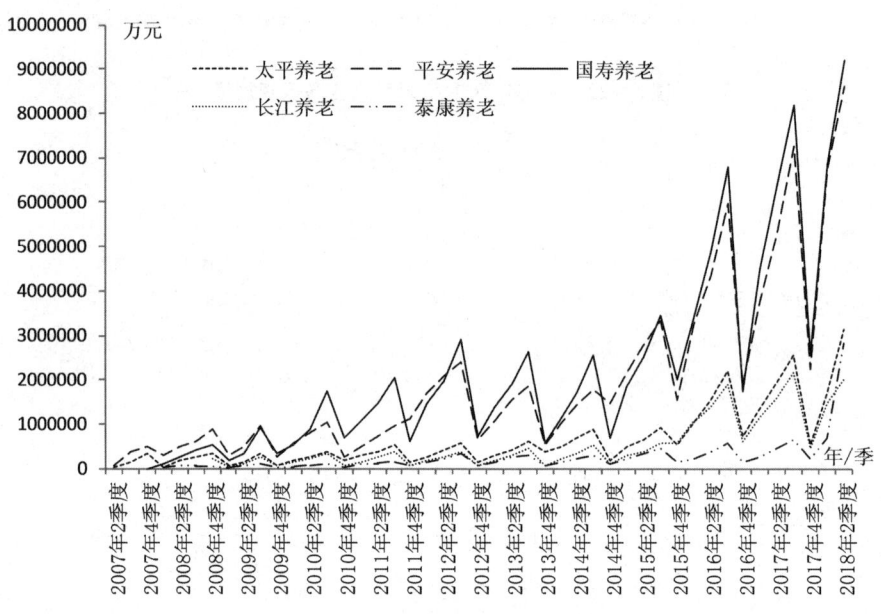

图5-24 主要保险公司养老保险企业/职业年金缴费

数据来源：Wind数据库

同时，上述专业养老保险公司所管理的企业/职业年金资产也呈现逐年上升态势，管理的年金资产总量从 2007 年第 2 季度的 18.4 亿元上升至 2018 年第 4 季度的 7501.5 亿元。2018 年第 4 季度，国寿养老管理的年金资产规模最大，为 3012.6 亿元，其次为平安养老 2364.6 亿元，太平养老 764.3 亿元，长江养老 745.0 亿元和泰康养老 615.0 亿元（图 5–25）。

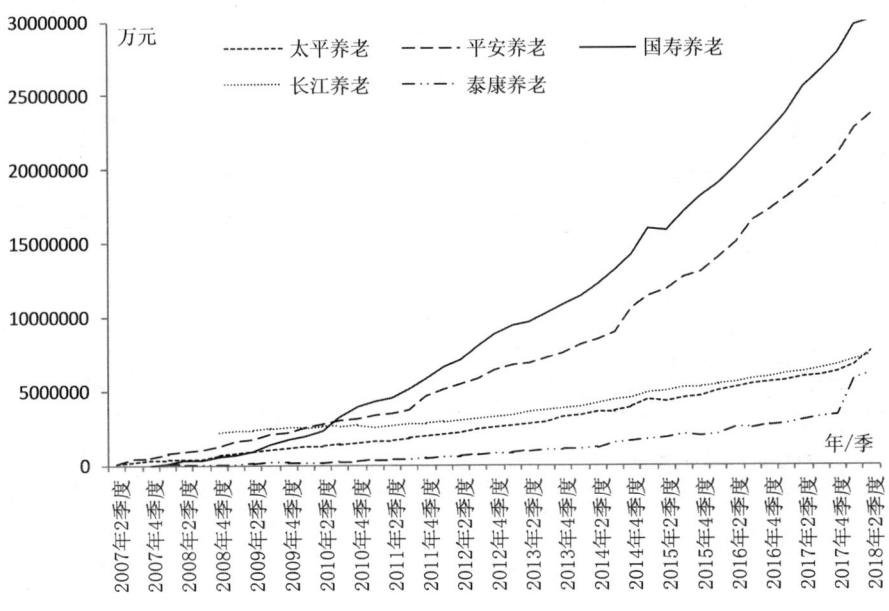

图 5–25　主要保险公司养老保险企业/职业年金管理资产

数据来源：Wind 数据库

随着中国养老金商业化改革的持续推进，大型专业养老保险公司将凸显先发优势，成为商业养老金市场中的核心参与方。一方面，主要大型保险企业均已在个人税收递延型商业养老产品试点期间获取相关的经营资质（表5-2），在产品设计、投资管理等方面有较为成熟的经验，更具有把握个人养老险政策红利的优势，经过较长时期的经营深耕和经验积累，其创新产品的开发能力和客户代理能力也更强些。

表5-2 上市保险企业获得税延型养老险经营资质情况

机构	A类（收益确定型）	B类（收益保底型，月结）	B2类（收益保底型，季结）	C类（收益浮动型）
中国人寿	√	√	√	√
太保寿险	√	√	√	
平安养老	√	√		√
新华保险	√	√	√	
太平养老	√	√		
太平人寿	√	√		√
人保寿险	√	√	√	
合计	7	7	4	4

资料来源：银保监会

另外，当前主要大型险企有能力布局养老产业，结合"保险产品+养老服务"满足客户差异化的养老需求，因此其保险产品和养老服务产业同步推进的模式可能更容易获得客户青睐。从目前上市险企提供的"产品+服务"养老模式来看，养老产业内容设计通常结合健康、旅行、住宅等内容展开，并且养老产品主要布局在北京、上海、深圳等一、二线城市，或适合养老、宜居的旅游城市（表5-3）。综上可以初步推断，养老保险供给领域的企业间竞争能力逐步分化，以及地区间发展不平衡的趋势在未来可能仍将持续。

表5-3 上市保险企业提供的产品+服务养老模式情况

机构	养老社区类型	投资模式	地区布局	入住资格
中国人寿	高端健康管理型+旅居型+城市康护型	自建	北京、苏州、天津、三亚、深圳	新客户总保费300万元，老客户总保费200万元
新华保险	高端健康管理型+旅居型+城市康护型	自建	北京、海南	总保费200万元（优惠健康险3倍、终身年金1.5倍）
中国太保	高端健康管理型+旅居型+城市康护型	自建+法国欧葆庭养老照护体系	成都、大理、杭州、厦门、上海、南京、武汉	新客户长险新保费累计220万元，老客户长险新保费累计200万元
中国太平	高端健康管理型+城市康护型+商业配套型	自建+第三方合作	上海、大连、昆明、宁波、北京、三亚、成都、珠海、南宁	总保费200万元（优惠政策150万元）
中国平安	城市康护型+旅居型+亲情社区	与联营地产公司合作投资	深圳	新客户长险新保费累计1000万元

资料来源：依据上市保险企业官网资料整理

第二节　商业养老保险供给的影响因素

一、税收优惠政策扶持

商业养老保险供给的影响因素中，政府层面的税收优惠和产业扶持政策起到了十分重要的作用，个税优惠政策有利于促进个人养老账户制度的建立和普及（郑秉文，2016）。从 2017 年 7 月，国务院办公厅印发《关于加快发展商业养老保险的若干意见》的政策建议之后，养老保险税收优惠的政策陆续出台，这些政策主要围绕个人税收递延型养老保险配套制度设计展开（表 5-4），对商业养老保险机构的业务开展产生实质性影响。

表 5-4　个税递延型养老保险配套政策

时间	政策文件	内容
2018.4.2	财政部、税务总局、人社部、银保监会、证监会《关于开展个人税收递延型商业养老保险试点的通知》	明确 2018 年 5 月 1 日起在上海、福建和苏州工业园区实施为期 1 年的试点；税收采用 EET 式，缴费期税收上限 6% 或 1000 元/月，投资期暂不渗水，领取期按 7.5% 计税

续表

时间	政策文件	内容
2018.4.25	银保监会、财政部、人社部、税务总局《个人税收递延型商业养老保险产品开发指引》	保险期间为终身或长期，交费方式为月或年交，合同期生效至退休；产品分收益确定型（A）、保底型（B）和浮动型（C）三类；提供养老年金给付、全残保障和身故保障单向保险责任
2018.4.28	税务总局《关于开展个人税收递延型商业养老保险试点有关征管问题的公告》	缴费税前扣除环节依据《个人税收递延型商业养老保险和扣除凭证》办理扣除；领取养老金征税环节，保险公司和代缴个人所得税
2018.5.18	银保监会《个人税收递延型商业养老保险业务管理暂行办法》	保险公司开发设计产品应当以"收益稳健、长期锁定、终身领取、精算平衡"为原则；满足参保人对养老资金安全性、收益性和长期性的要求
2018.6.22	银保监会《个人税收递延型商业养老保险资金运用管理暂行办法》	A、B类产品普通账户管理，C类产品独立账户管理；投资资产包括流动性、固定收益类、权益类、不动产类和其他金融资产五类；合并计算税延型普通账户与其他保险产品普通展会的投资比例，税延型普通账户的投资比例不高于大类资产和集中度风险监管比例上限

资料来源：财政部、税务总局、人社部、银保监会、证监会

但从目前政策落地的情况来看，存在试点面小、优惠力度有限和办税手续复杂等问题。当前仅有个人税收递延型养老险一款第三支柱产品试点，地域上仅包含上海、福建和苏州工业园区三地，采用 EET 税收优惠模式，即个人税收递延型养老险在缴费和投资环节免税，而在领取环节征税。在税收优惠力度上，给予客户每月 1000 元的税前扣除额度，但是对于大量人口收入未达到个人所得税起征点 5000 元/月的低收入人群，无法享受税收优惠；而对于中高收入人群，1000 元/月的税前扣除额度的激励作用又比较有限。税收优惠办理流程较为烦琐，也影响了商业养老保险的发展，目前政策中规定个人在购买个人税收递延型养老保险后需每月在中保信平台下载凭证，人力资源管理部门根据个人每月按时提交的凭证计算工资和个税情况，抵扣流程较为复杂，影响了政策执行的效率。

对于政策扶持中出现的问题，以及前期试点过程中未覆盖的内容，2020 年 2 月 26 日，国新办就就业和社会保障有关情况举行发布会，提出将通过建立多层次的养老保险体系来积极应对人口老龄化、促进养老保险制度可持续发展，尤其对于养老保障第三支柱的建设，要建立以账户制为基础、国家财政给予税收支持，以及资金形成市场化投资运营等政策，后续政策的进一步出台和落地可能有助于推动商业养老保险行业的进一步发展。

二、商业保险公司的投资收益和偿付能力

影响商业养老保险供给的另一重要因素是商业保险公司自身的经营

管理能力,主要体现在经营理念、风险控制、产品研发、客户开发、人才队伍建设等方面,而经营管理能力的高低直接体现在保险企业投资收益和偿付能力的大小上,并且最终影响养老保险产品和服务供给的持续性和稳定性。

从上市寿险公司的总投资收益率来看,发展初期经历了一段时间的较大幅度波动,2012—2015年投资收益率稳步攀升,2015年第2季度高峰时期,新华保险、中国人寿、中国平安和中国太保的总投资收益率分别达到10.5%、9.1%、7.7%和6.6%,而在此之后则逐步下降,2020年底,上述几家上市寿险公司总投资收益率基本在5.3%~6.2%(图5-26)。

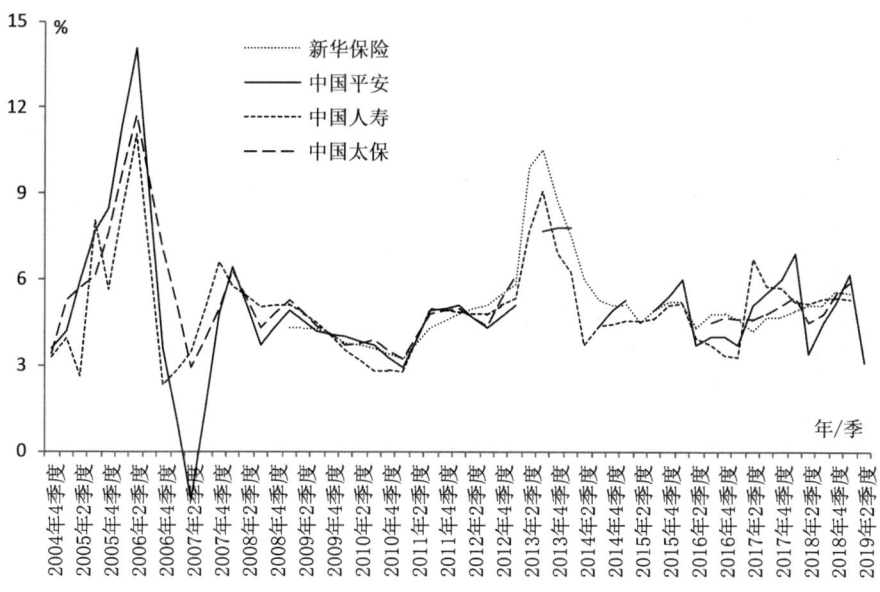

图5-26 上市寿险公司总投资收益率

数据来源:Wind数据库

与上市寿险公司相比，中小寿险公司的投资收益率走低趋势更为明显，由于这些寿险公司普遍面临产品竞争力较弱、依赖第三方销售渠道、内部队伍不稳定、股东长期投入不足等问题，因此获利空间不断受到挤压。不同规模企业在市场经营分化背景下呈现不同的发展趋势，大部分中小寿险公司转型发展处于阵痛期，未来养老保险产品和服务供给需要更加关注市场战略定位、产品创新和客户渠道开拓。

偿付能力是保险公司偿还债务的能力，为抵御寿险业务面临的各种风险，保险公司应当具有与其风险和业务规模相适应的资本，确保偿付能力充足率不低于100%。从上市公司寿险业务偿付能力充足率的历史数据走势来看，在发展初期，新华保险、中国人寿、中国平安和中国太保的差异性比较大，但经过一段时间的发展之后，上述险企的偿付能力充足率基本均稳定在200%~300%（图5-27）。

与大型险企和上市险企相比，中小型保险公司的寿险业务偿付能力相对低些。2019年，非上市中资寿险公司偿付能力充足率基本低于上市公司，其中大约半数企业能够超过200%，另一半企业在124.0%~179.0%；外资寿险公司的偿付能力充足率超过300%的约占14.3%，在200%~300%的约占42.9%，低于200%的约占42.9%（表5-5）。

第五章 商业养老保险的供给及主要影响因素

表5-5 主要中资和外资寿险公司偿付能力充足率（2019年）　　单位:%

中资寿险公司名称	充足率	中资寿险公司名称	充足率	外资寿险公司名称	充足率	外资寿险公司名称	充足率
民生人寿	295.00	昆仑健康险	179.00	友邦保险	442.00	海康人寿	204.00
人寿集团	276.53	英大人寿	178.42	新光人寿	439.71	中意财险	189.72
太保寿险	257.00	合众人寿	174.91	中美联泰	309.35	金盛保险	187.00
平安养老保险	247.00	嘉禾人寿	172.22	恒安标准	290.00	君龙人寿	176.78
人保人寿	244.00	长城保险	162.50	招商信诺	271.00	长生人寿	176.00
平安人寿	231.61	中邮人寿	160.84	信诚人寿	248.91	中意人寿	176.00
幸福人寿	230.53	信泰人寿	154.11	中英人寿	232.53	中德安联	171.17
太平寿险	227.00	君康人寿	139.70	汇丰人寿	225.58	华泰人寿	162.60
太平养老保险	221.00	国华人寿	139.02	国泰人寿	216.00	中航三星人寿	151.63
阳光人寿	215.25	华夏人寿	136.13	平安健康险	212.00	中新大东方人寿	136.24
人保健康	201.00	百年人寿	126.62	瑞泰人寿	205.71		
光大永明人寿	200.36	生命人寿	124.00				
中资平均		195.57		外资平均		229.71	

数据来源：Wind数据库

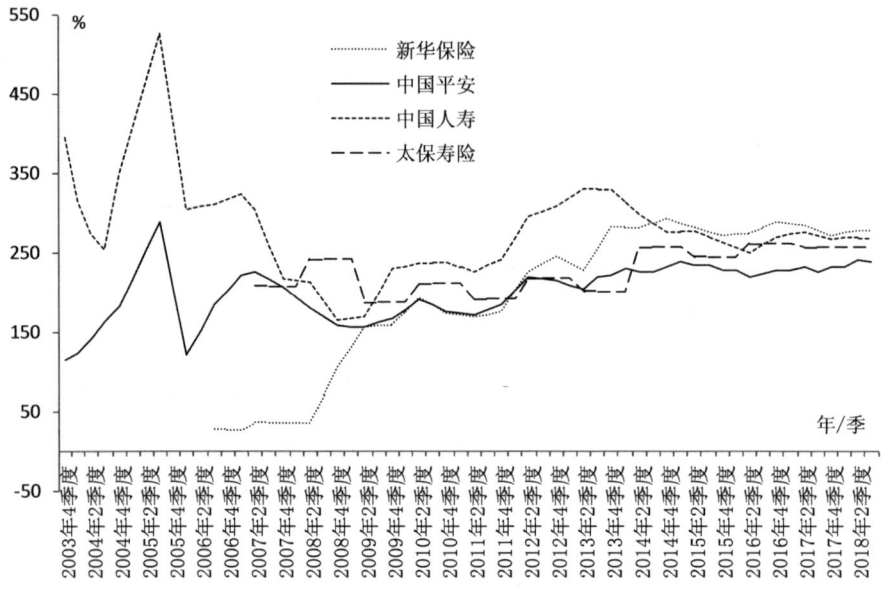

图 5-27　上市公司寿险业务偿付能力充足率

数据来源：Wind 数据库

三、商业养老保险行业的竞争和整体水平

商业养老保险行业的竞争状况会对产品和服务供给产生影响。

其一，从上述保险公司的投资收益和偿付能力分析可以发现，中国养老保险行业的垄断状况十分显著。大型上市险企和国有控股险企所占市场份额在 80% 以上，尤其在团体业务领域，垄断险企的优势更加明显，而中小型险企的市场份额较小，提供服务的份额较小，竞争激烈。

其二，养老保险行业整体发展还处于较低水平。按照保险业发展的规律，保费收入一般占当年国内生产总值的 3%～5%，在发达国家，保费收入一般都占本国国内生产总值的 8%～10%，而我国该比值在 2% 以下，且其中养老保险份额更低，这表明养老保险行业在产品和服务供给的同时，还需在培养客户群上投入较多资源，从而提高中国居民的保险意识与投资意识。

其三，养老保险行业地区结构布局不均衡，各地区供给差异显著。从目前中国保险公司机构的分布来看，总部基本上都设置在北京、上海或其他东部沿海城市，分支机构多数集中在人口密集、经济发达的地区和城市。上述供给分布可能导致保险市场发育不均衡性，从而使部分养老保险市场的过度竞争和另一些地区市场开发不足的状况并存，不利于商业养老保险供给的长期可持续发展。

其四，养老保险行业粗放式经营与销售方式单一的状况较为普遍，产品结构简单、类型雷同和缺乏专业人才是行业普遍存在的问题。保险从业人员中真正受过系统保险专业教育又有保险专业水平的保险专业人才不到三分之一，懂得精算和计算机技术的专门人才更是供不应求，这严重局限了当前商业养老保险行业整体水平的提升。

其五，行业内中资和外资寿险企业竞争逐渐上升。2004 年以来，中资和外资寿险公司的保费收入和保户投资款新增交费均呈现上升趋势，且前者的总量一直高于后者（图 5-28），但从偿付能力来看，外资寿险公司的偿付能力充足率平均值为 229.71%，高于中资寿险公司 195.57% 的平均水平（表 5-5）。随着中国金融行业对外开放程度的上升，未来商业养老保险行业内的中外竞争程度很可能进一步上升。

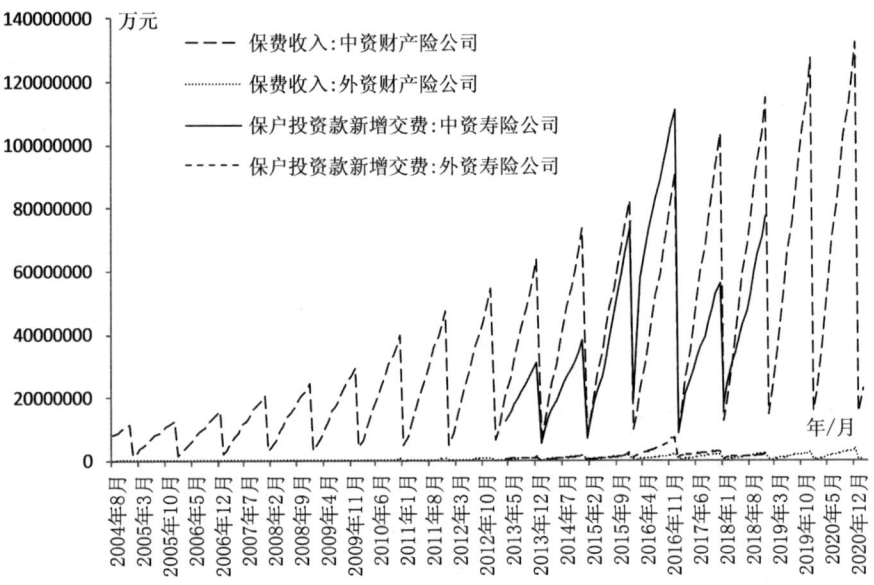

图5-28 中资和外资寿险业务保费收入规模

数据来源：Wind 数据库

第六章

银行及其他金融支持养老体系建设的国际经验

第一节 发达国家与发展中国家养老保险状况

一、养老金资产规模

据经合组织（OECD）统计，2018年经合组织国家积累公共养老金和私人养老金计划的资产总额超过42万亿美元，经合组织按各国GDP加权的平均养老金资产与GDP之比为82.3%，丹麦、荷兰、冰岛、加拿大、瑞士、澳大利亚、美国和英国8个经合组织国家的养老金资产与GDP之比高于100%。

从自愿性（非强制性）养老金规模来看，经合组织国家的平均水平呈现上升趋势，自愿养老金资产占GDP的比重从2000—2004年的28.94%上升至2015—2020年的36.17%（表6-1），2019年占比超过50%的国家有荷兰（194.4%）、冰岛（167.6%）、瑞士（143.7%）、澳大利亚（134.5%）、英国（108.7%）、加拿大（90.5%）、美国（85.8%）、智利（80.8%）、以色列（62.0%）和芬兰（51.9%）。美国、日本、德国三个经合组织国家的自愿养老金资产占GDP的比重均呈现上升趋势，整体比重美国最高，日本次之，德国较低（图6-1）。上述三个国家在养老金融方面的做法各有特色，本书将在接下来的各小节中具体讨论。

表6-1 经合组织国家和非经合组织国家自愿养老金资产占GDP比重单位:%

	2000—2004年	2005—2009年	2010—2015年	2015—2020年
经合组织国家平均	28.94	27.72	30.70	36.17
其中：美国	72.23	71.22	76.78	81.21
智利	54.28	57.12	61.85	72.07
日本	11.40	9.86	17.50	20.71
韩国	1.40	2.48	4.98	9.42
意大利	2.29	3.18	5.40	7.53
德国	3.63	4.60	5.97	7.00
非经合组织国家平均	11.00	11.81	14.90	17.91
其中：新加坡			63.96	77.32
南非	47.30	51.00	49.62	50.59
巴西		15.38	12.80	12.08
俄罗斯		1.56	3.55	5.81
中国	0.30	0.53	0.90	1.60
印度			0.33	1.34

数据来源：依据OECD数据库Pension Funds（Autonomous）Assets as a Share of GDP数据整理

第六章 银行及其他金融支持养老体系建设的国际经验

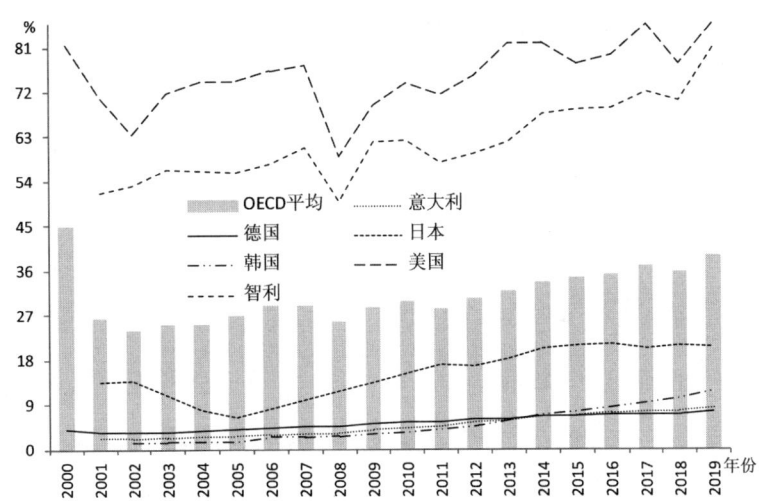

图6-1 经合组织国家自愿养老基金资产总额占GDP的比重

数据来源：依据OECD数据库数据整理

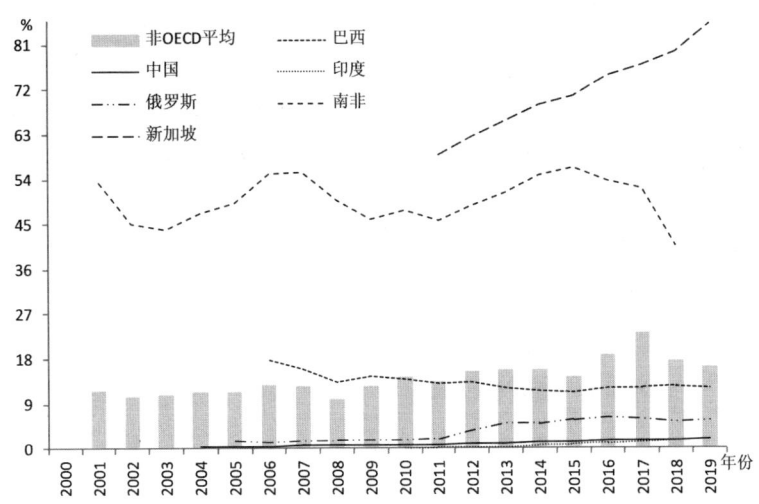

图6-2 非经合组织国家自愿养老基金资产总额占GDP的比重

数据来源：依据OECD数据库数据整理

非经合组织国家自愿养老金资产占 GDP 的比重整体较经合组织国家低，但各国平均值也呈现略有上升的趋势，从 2000—2004 年的 11.0% 提高至 2015—2020 年的 17.91%（表 6-1），大部分非经合组织国家自愿养老金资产占 GDP 的比重有所增长，仅有巴西、阿根廷等少数国家呈现下降趋势（图 6-2）。2019 年占比超过 20% 的国家包括新加坡（85.1%）、纳米比亚（75.2%）、马耳他（49.0%）、萨尔瓦多（40.8%）、南非（40.5%）、牙买加（33.5%）、克罗地亚（30.0%）、乌拉圭（28.4%）和秘鲁（22.6%）。中国的自愿养老金资产占 GDP 的 1.9%，处在非经合组织国家中等偏低的水平。

二、养老金替代率

经合组织国家的男性劳动者养老金总替代率略高于女性，从 2018 年各国男性劳动者的统计平均值来看，低于平均工资者的总养老金替代率为 60.0%，与平均工资持平者的总养老金替代率为 49.0%，高于平均工资者的总养老金替代率为 44.7%；女性则分别为 59.4%、48.2% 和 44.0%。美国、日本、德国三个国家的自愿养老金总替代率在 28.5%~50.1%（表 6-2）。以自愿和强制性养老金合并计算的非经合组织国家的养老金总替代率平均水平与经合组织国家自愿养老金总替代率相似，因此整体低于经合组织国家水平，同时也存在一定的性别差异和收入水平差异。

与养老金总替代率计算个人税前养老金与税前退休前收入之比不同，养老金净替代率计算的是个人税后养老金与税后退休前收入之比，无论是经合组织国家还是非经合组织国家,养老金净替代率都普遍高于养老金总替代率。2018年经合组织各国男性劳动者低于平均工资、与平均工资持平及高于平均工资的净养老金替代率分别为68.3%、58.6%和54.7%;女性则分别为67.6%、57.6%和53.7%。美国、日本、德国三个国家的自愿养老金净替代率为33.3%~61.2%(表6-2)。

表6-2 经合组织和非经合组织国家养老金替代率(2018年) 单位:%

		男性			女性		
		平均工资的0.5	平均工资的1.0	平均工资的1.5	平均工资的0.5	平均工资的1.0	平均工资的1.5
养老金总替代率	经合组织国家平均	60.00	49.00	44.70	59.40	48.20	44.00
	其中:意大利	79.50	79.50	79.50	79.50	79.50	79.50
	韩国*	55.60	37.30	27.00	55.60	37.30	27.00
	美国*	50.10	39.40	33.10	50.10	39.40	33.10
	日本*	42.50	32.00	28.50	42.50	32.00	28.50
	德国*	38.70	38.70	38.70	38.70	38.70	38.70
	智利*	36.20	31.20	31.20	34.60	28.80	28.80
	非经合组织国家平均	63.80	54.40	51.30	61.40	51.20	48.20
	其中:巴西	92.10	58.90	58.90	92.10	46.10	46.00
	印度	83.40	83.40	83.40	80.40	80.40	80.40
	俄罗斯	62.30	49.60	44.90	57.90	45.20	40.50
	沙特	59.60	59.60	59.60	59.60	59.60	59.60
	印尼	55.30	55.30	55.30	53.00	53.00	53.00
	南非*	34.50	17.20	11.50	34.50	17.20	11.50

续表

		男性			女性		
		平均工资的0.5	平均工资的1.0	平均工资的1.5	平均工资的0.5	平均工资的1.0	平均工资的1.5
养老金净替代率	经合组织国家平均	68.30	58.60	54.70	67.60	57.60	53.70
	其中：意大利	92.00	91.80	94.40	92.00	91.80	94.40
	韩国*	60.80	43.40	32.60	60.80	43.40	32.60
	美国*	61.20	49.40	42.70	61.20	49.40	42.70
	日本*	45.90	36.80	33.30	45.90	36.80	33.30
	德国*	56.10	51.90	51.40	56.10	51.90	51.40
	智利*	44.60	37.30	37.90	42.60	34.40	34.90
	非经合组织国家平均	72.50	65.20	62.20	69.90	61.60	58.70
	其中：巴西	100.00	64.80	64.80	100.00	50.60	50.50
	印度	94.80	94.80	94.80	91.30	91.30	91.30
	俄罗斯	71.70	57.00	51.60	66.60	52.00	46.60
	沙特	65.40	65.40	65.40	65.40	65.40	65.40
	印尼	58.20	59.00	58.60	55.80	56.70	56.30
	南非*	34.50	18.50	12.90	34.50	18.50	12.90

数据说明：依据 OECD 数据库 Pensions at a Glance Pension Entitlements 数据整理，带有*表示自愿养老金的替代率。经合组织养老金替代率按低于平均工资、与平均工资持平和高于平均工资分为平均工资的0.5、1.0和1.5三类，养老金总替代率计算公式是个人税前养老金/税前退休前收入，养老金净替代率计算公式是个人税后养老金/税后退休前收入

按照本书第三章对于中国养老金替代率的研究，我国的养老金增幅低于工资增幅，平均替代率从1997年的76.7%下降至2019年的44.2%（图3-3），与非经合组织国家相比，我国养老金的替代率目前低于巴西、印度、俄罗斯、沙特和印度尼西亚等国家。

三、养老金结构

养老保险第二和第三支柱在经合组织国家养老体系中占据重要位置，按照2019年的统计资料，OECD国家中企业/职业年金占GDP比重最高的国家可达150%，各国平均水平约为38.1%，且70%的国家该项比重呈现上升趋势，25%的国家呈现波动或基本维持不变，仅有5%的国家呈现下降趋势；个人养老金占GDP比重最高的国家可达100%，各国平均水平约为11.7%，约77.8%的国家该项比重呈现上升趋势，22.2%的国家呈现波动或基本维持不变，没有国家出现下降（表6-3）。这表明相对第一支柱而言，第二、第三支柱养老保险的重要性在OECD国家中越来越显著。

表6-3 经合组织国家企业/职业年金、个人养老金及结构（2019）单位:%

	企业/职业年金占GDP比重	个人养老金占GDP比重	固定缴款占养老金总资产比重	固定收益占养老金总资产比重		企业/职业年金占GDP比重	个人养老金占GDP比重	固定缴款占养老金总资产比重	固定收益占养老金总资产比重
最高（2019年）	150.00	45.90	100.00	100.00	意大利	↑	↑	↑	↓

续表

	企业/职业年金占GDP比重	个人养老金占GDP比重	固定缴款占养老金总资产比重	固定收益占养老金总资产比重		企业/职业年金占GDP比重	个人养老金占GDP比重	固定缴款占养老金总资产比重	固定收益占养老金总资产比重
平均（2019年）	38.10	11.70	71.80	61.70	斯洛伐克		↑	—	
最低（2019年）	0.08	0.34	6.06	3.61	墨西哥	↓	↑	~	↓
瑞士	↑		—		土耳其	↑	↑	↑	↓
美国	↑	↑	↑	↓	卢森堡	↑		↑	~
冰岛	↑	↑	~	↓	日本	↑	↑	↑	↓
芬兰	~		—		韩国				~
加拿大	↑				新西兰	↑		↑	
以色列	↑	↑	↑	↓	法国	↑		—	
丹麦	—			↓	拉脱维亚	~	↑		
智利		↑			立陶宛				
葡萄牙	~	—	↑		爱尔兰			—	
波兰	↑				希腊				
西班牙	~	↑	↓	↑	澳大利亚			↑	↓
挪威	↑			—	比利时			—	
爱沙尼亚		↑	—		↑的比重	70.00	77.80	40.00	5.00
匈牙利		~	—		~和—的比重	25.00	22.20	56.00	40.00
捷克		↑			↓的比重	5.00	0.00	4.00	55.00

数据说明：依据OECD数据库Pension funds（autonomous）数据整理，表中↑、↓、~和—表示2000年至2019年呈现整体上升、下降、波动和持平趋势，↑的比重、~和—的比重、↓的比重栏中数据表示相应趋势国家数量占有统计值国家的百分比

从资产构成来看,受保护和不受保护的固定缴款资产占养老金总资产的比重最高的国家可达100%,各国平均水平约为71.8%,约有40%的国家该项比重呈现上升趋势,56%的国家呈现波动或基本维持不变,仅有4%的国家呈现下降趋势;传统与混合的固定收益类资产占养老金总资产的比重最高的国家也可达到100%,各国平均水平约为61.7%,约55%的国家该项比重呈现下降趋势,40%的国家呈现波动或基本维持不变,仅有5%的国家呈现上升趋势(表6-4)。这表明相对固定收益类养老金资产而言,固定缴款类养老金资产在OECD国家中所占的比重逐渐增大。

表6-4 经合组织国家养老基金资产结构基本状况(2019)单位:%

	股票	公共和私营票据债券	其他	现金及存款	未分配保险合同	土地和建筑物	贷款	结构性产品其他投资
最高	82.38	80.02	40.30	39.19	19.14	11.64	11.63	9.96
平均	16.21	37.88	4.66	6.39	7.36	3.27	2.18	1.51
最低	0.32	6.92	0.00	0.26	1.28	0.00	0.01	0.02
	对冲基金	私募股权基金	共同基金	(共同基金)其中:				
				现金及存款	票据、债券	权益	土地及建筑物	其他
最高	1.67	6.55	82.36	6.52	51.78	90.00	18.37	50.98
平均	1.04	2.27	33.26	2.55	31.32	48.27	8.80	16.89
最低	0.13	0.21	0.00	0.00	6.64	11.09	0.66	0.50

数据来源:依据OECD数据库Pension funds(autonomous)数据整理

从银行及金融业支持养老保险建设的实践来看，主要发达国家已有较长的历史，养老金已成为金融体系中不可分割的重要组成部分，是资本市场最重要的机构投资者。经合组织国家养老基金资产结构呈现多元化状况，从各类养老基金资产占比的平均来看，从高到低分别为公共和私营票据债券（37.9%）、共同基金（33.3%）、股票（16.2%）、未分配保险合同（7.4%）、现金及存款（6.4%）、土地和建筑物（3.27%）、私募股权基金（2.3%）、贷款（2.2%）、结构性产品其他投资（1.5%）和对冲基金（1.0%）等，其中共同基金的内部构成以权益类资产（48.3%）、票据和债券（31.3%）为主。

第二节 金融服务养老的主要模式

在发达国家普遍出现老龄化的背景下，养老金在金融体系中发挥越来越重要的作用，寻找具有可持续性的金融模式来解决养老问题，成为越来越重要的研究领域，包括养老金律师、精算师、投资经理、会计师等具有专业综合能力的养老金融人才，对养老基金如何投资于货币市场证券、债券、股票、集合投资工具、不动产、衍生工具以及另类投资等金融产品等问题，需要进行深入研究（胡继晔，2017），不断提升金融体系服务养老的安全性、收益性和流动性。

从国内外金融与养老相关理论的研究中可以发现，金融与养老已经不再是泾渭分明的不同研究领域，而越来越呈现出互相融合、互相影响的趋势，因为养老问题本质上是重大的金融问题。从时间维度上看，养老实质上是个人在年轻时通过金融工具储备自己的劳动价值，再运用跨时金融资产配置手段，进入老年后用储备的金融资产置换生活所需的产品和服务。因此，完整的养老金融服务周期首先要覆盖青壮年客户的资产储备期，该时期也是其职业生涯收入最高的时期，需要金融企业合理运用金融工具设计符合养老需求的产品，为客户储备劳动价值，保证资产保值增值，形成长期资本以供年老时使用。

发达国家由于较早开始养老保险制度的建设改革，金融市场发达程度也比较高，因此在大规模老龄化到来前，就形成了利用金融市场来解决养老问题的理论和实践准备，金融市场服务养老体系建设的维度主要包括银行、证券、保险、信托和基金服务养老等方面，其管理服务内容、风险防范方式、种类和目的、发展特征及具体形式存在一定的异同，具体可以概括为表6-5。

一、银行业服务养老

从金融服务养老模式的发展历程来看，银行服务养老是发展最早和最为普遍的模式，并且随着人口老龄化的加深，老年客户已经成为商业银行重要的客户群体，银行存款或银行理财是大部分人养老投资和理财的首选产品。与基金、证券、信托等投资型养老模式不同，银行是储蓄型的养老模式，并且主要包括两类：其一是提供面向老年人需求的日常贷款、存款业务，其形式包括传统的柜台业务，以及新兴的手机银行、网上银行等，并且将银医通、交通卡、各类缴费卡等功能整合成

表6-5 金融支持养老保险三支柱体系建设的主要模式

	管理服务内容	风险防范方式	种类和目的	发展特征	具体形式
银行	养老储蓄相关的服务规划，准入与退出规范，业务种类与范围，养老储蓄风险防范，金融机构在养老储蓄领域应履行的义务，销售流程，信息披露和法律法规，信息披露和领制等。政府相关部门对银行提供的养老服务进行外部监督与控制	银行服务养老风险防范，由专门监管机构制定监管制度和法律法规对金融服务养老活动进行严格的风险控制	储蓄型的养老模式，包括：日常金融存贷款金融服务和面向老年人的养老金融产品服务，主要有养老资产配置、养老理财产品和住房反向抵押贷款等	发展较早，制度成熟，风险较低，规模上有所下降，但仍然非常重要	账户制模式，主要是员工持股计划、个人退休账户
基金	创设了针对养老基金产品类别，在养老型基金管理领域进行行为监管，包括检查经营业绩、信息披露、有无误导行为等，通过市场化运作行为来保值增值，参与资本市场推动金融产品的创新	金融产品创新给养老基金带来一定风险，包括投资风险、由通货膨胀造成贬值的风险、支付风险，操作风险等	基金服务养老者在全市场范围内允许投资选择，针对共同基金产品，对未来养种类别要求种类，只能定投该类基金产品以控制风险	新兴模式，养老型基金是从储蓄转化为投资型养老的特殊养老服务，也是银行服务养老业务的扩展	不同层次的基金账户模式

续表

	管理服务内容	风险防范方式	种类和目的	发展特征	具体形式
保险	保险公司等机构为老年人提供保险服务，养老保险基金管理公司将参保人账户中的资金汇集起来进行投资运作，人寿保险进行商业化的运营管理，实现资金保值增值	商业养老保险创新产品增加，复杂性提高，其风险也增加，通过保险公司自控或外部监控监管理风险	商业养老保险产品主要包括个人年金产品和个人储蓄养老险产品，账户资金以及投资收益享有税收递延优惠	传统的极其重要的金融服务养老模式，风险防范能力较强，较为普遍	商业养老保险第三支柱个人账户模式，个人退休账户
证券	几乎都由专门的机构承担，社会保障机构通过专门的金融机构或投资顾问将养老资产投资于债券、股票、养老证券投资基金等产品，证券交易风险一般低于普通交易风险，证券交易委员会等专门机构负责对养老投资进行监督与管理	通过投资组合分散风险，通过多元化投资实现基金在相对安全条件下的最大化收益，通过严格审计监管等来防范风险	个人养老金投资的市场化和多元化投资取向，包括股票、开放式基金、信托和债券等。第三支柱养老金账户一般设置多种领取方式，但鼓励分期领取	通过市场化投资实现养老资产的保值增值，获得回报的同时可能面临较高风险	允许养老参与者在不同机构间选择，鼓励中高收入人群及早规划退休账户

113

续表

	管理服务内容	风险防范方式	种类和目的	发展特征	具体形式
信托	养老信托涉及信托方与被信托方较为复杂的利益关系，养老信托机构通过养老计划开展多元化投资，实现损失风险最小化，各国对养老信托的管理都比较严格	风险较大，容易使养老者权益遭受损失，通过风险监控使信托服务风险小于证券服务养老风险	第一、二、三支柱均不同程度采用养老信托基金，国外典型的信托服务主要有两种：养老金的信托投资或资产配置模式，及个人资产的反向抵押信托养老模式	新兴模式，规模不断扩大，但也存在风险，可以覆盖个人就业、退休、死亡全过程，提供养老金的终生金融服务	委托和账户模式，如美国的老年、遗嘱和伤残人保险信托投资基金

资料来源：依据文献资料整理

"养老一卡通",为老人领取养老金、紧急救助、挂号就医、交通出行、日常缴费等提供便捷服务;其二是向老年人提供养老的金融产品和服务,包括养老资产配置、养老金投资、养老理财产品和住房反向抵押贷款等养老产品(胡继晔,2017)。

截至2020年6月末,中国金融业机构总资产340.4万亿元,其中银行业、保险业和证券业总资产分别为309.4万亿元、22.0万亿元和9.0万亿元,银行业资产占金融业总资产的90.9%,因而在服务养老的各金融机构中,银行业应成为养老金融的主体,商业银行作为我国覆盖面最广、资产占比最高的重要金融机构,在服务养老中将发挥基础性作用。而这种基础性作用的持续性和有效性主要取决于银行服务养老的内部管理、外部监督和风险防范能力。

从内部管理的角度来看,主要是制定服务养老业务的规划、准入与退出规定、业务种类与范围,制定养老储蓄、基金和理财产品的风险控制规范。由于老年人在生理和心理上的特征与中青年人存在差别,银行服务养老的相关产品销售流程、信息披露和额度限制等内容需确保老年人被公平对待,维护老年人的金融权益。

从外部监督的角度来看,国家金融监管机构需要对银行服务养老的业务活动进行审慎监管。由于养老资产在保障个人和家庭基本生产生活方面具有十分重要的作用,银行一旦出现风险将产生严重的社会影响。因此银行业养老金融服务具有一定的特殊性,这也决定了这些业务活动受到监管机构更加严格的监管和操作管理,包括投资者风险宣传与教育、资产配置规定、服务过程监督、会计标准、审计规范等在内的风险管理，目的就在于防范可能出现的风险，保护投资者权益。

从风险防范能力建设的角度来看，银行经营面临着各种各样的风险，并且随着银行服务的多元化发展，风险敞口也变得多元化，而从风险承受能力来看，养老金融的受众通常具有较低的风险承受能力，因此银行与政府相关部门需要通过完善监管制度、银行风险信息披露机制、权益分享的制度安排、产品保险制度等各种措施防范银行服务养老风险。

二、基金业服务养老

基金服务养老是一种新兴的金融服务养老模式，并且与银行服务养老模式具有重要的联系，从本质来看，养老型基金是从储蓄型养老转化为投资型养老的特殊养老服务基金，也是银行服务养老业务的扩展，二者的主要差异在于收益与风险。

养老型基金是根据养老金客户特征、投资风险预期与收益预期要求而专门设立的基金产品，它允许投资者在全市场范围内选择已有的基金产品，主要是针对养老金的基金产品类别。不同国家的养老金的基金产品存在一定的差异，但均强调风险控制，美国和澳大利亚的养老型基金几乎都具有默认选项设置，用于抵御通货膨胀风险和长寿风险，并且有助于降低经济管理费率，简化投资组合；日本的公共养老金和与收入关联的厚生年金、共济年金由政府专门机构——养老投资基金理事会管理运营，基金公司在严格监管下为养老提供较低风险的金融服务。

在养老型基金监管方面，主要关注经营业绩、信息披露、有无误导行为等内容，以促进市场有效、公正、有序、透明运作。随着金融产品创新的大幅度增加，养老基金风险也有所上升，主要包括投资的风险、由通货膨胀造成的贬值风险、支付风险和操作风险等。虽然对于基金养老的监管越来越接近银行的金融监管，但是仍然存在差异，银行受制于偿付能力标准，该标准能够确保资产超过负债；而养老基金则受制于筹资标准，主要为缴费铺平道路，不一定能够保障资产负债平衡。

与储蓄型养老产品相比，养老基金产品对投资选择、投资者教育、信息获取以及投资顾问等方面有更高的要求，如果管理部门对养老基金产品限制较松，投资者可能会因为无法辨识基金投资风险而出现自身养老资产受损的情况。虽然养老基金投资风险不如养老债券、投票风险大，但如果忽视监管，其损失将远高于储蓄型养老产品。

三、保险业服务养老

养老保险和商业保险都是基于保险学中的"大数法则"并通过生命表、精算等技术建立的金融制度，是一种传统的、极其重要的金融服务养老模式，其中的寿险业务直接服务于养老，因而成为养老金融的主要实践者。

我国保险业在第二支柱，即企业/职业年金管理中已经成为主力，包括国寿养老、太平养老、平安养老、泰康养老、长江养老、安邦养老、人保资产、泰康资产、华泰资产在内的九家保险业金融机构管理了企业/职业年金总资产的一半左右。但在养老保险第三支柱方面，尽管《职业年金基金管理暂行办法》将企业/职业年金领取方式的选择权交给个人,打通了养老金的第二和第三支柱,但目前个人养老金第三支柱的发展并不充分。在主要发达国家,第三支柱养老保险中的商业养老保险是保险服务养老的最重要形式,也是传统的金融服务养老方式,但随着商业养老保险创新产品的增多和复杂性上升,风险也逐步增大。部分保险企业采取提高产品的投保年龄、渐进式推迟参保者领取年龄、提高商业养老保险保费、改变保险产品设计等方式降低风险。

四、证券业服务养老

与银行业间接融资不同,证券业主要通过股票、债券市场等提供直接融资服务。在建立初始,我国养老基金主要存入银行或购买国债,而在发达资本主义国家,养老金很早就成为资本市场的重要机构投资者(胡继晔,2017),相对其他短期投资资金而言,养老资金一般是稳定、长期的现金流,因此对资本市场起到"压舱石"的稳定作用,因而也使得证券业在服务养老中稳定性有所增强。

证券服务养老的主要内容就是进行养老金资产配置,由于证券市场本身的特点,其风险也在所难免,因此开展证券服务养老的国家都会采用各具特色的养老金资产配置风险防范方式。证券服务养老管理一般由专门的机构承担,通过投资组合分散风险,使得养老证券投资风险低于普通证券投资风险。

与发达国家资本市场相比,中国资本市场成熟度相对较低,因此养老金入市也相对谨慎,2015年国务院通过了《机关事业单位职业年金办法》,职工由单位缴纳工资的8%、个人4%来积累形成企业/职业年金,并进行市场化投资运营,同年,人社部和财政部联合发布《基本养老保险基金投资管理办法》,规定了养老保险基金权益类资产投资的上限,并且规定基本养老保险基金可以投资几乎全部金融产品。这些政策的出台为中国养老基金与资本市场的融合铺平了道路,但实现两者的双赢,特别是在老龄化加剧的背景下实现养老金和资本市场的良性互动,尚需大量相关的制度建设。

五、信托业服务养老

信托服务养老模式是随着人口老龄化问题日益突出而产生并发展起来的一种新的金融服务养老模式。养老信托通过养老金计划开展多元化投资,实现损失风险的最小化,信托方与被信托方通常存在较为复杂的利益关系,也是养老信托风险的主要来源,因此推行信托服务养老的国家都会加强风险防范。从其特点来看,信托制度可以覆盖个人从就业到退休、死亡的全过程,相对于其他金融服务养老模式,它所提供的养老金融服务具有终生性,而银行机构无法如此长时间地匹配资金,证券、保险则难以作为单一角色满足个体终生性的资产配置,因此,信托养老也具有一定的市场优势。

从各国发展情况来看,典型的信托服务养老主要有两种,一是养老金信托投资或资产配置模式,二是个人资产的反向抵押信托养老模式,以住房资产的反向抵押贷款模式为主。发达国家采取信托服务的养老模式相对普遍,比如,美国最大的联邦老年、遗嘱和伤残人保险信托投资基金就服务于第一支柱养老金的养老信托基金,第二、第三支柱的私人养老金绝大多数也采用养老信托的模式，英国的老年人免费医疗服务也采用信托模式。我国目前以商业银行及信托公司为代表的承托金融机构发展迅猛，其业务规模总量在部分年份超过保险业，受托人为商业银行的，一般通过银行专门账户进行管理，实现信托财产独立运作，并按照信托文件的约定向受益人支付信托利益，保障其养老等需求，投资标的涵盖了我国现有货币市场、资本市场上的几乎所有投资品种。养老信托产品弥补了基本养老保险和商业养老保险等传统养老保障的不足，是信托领域重要的金融创新举措。（胡继晔，2017）

第三节　美国养老金融经验

1974年，国会通过《雇员退休收入保障法案》时，美国养老金投资额仅为1500亿美元，经过数十年的发展，2016年美国居民金融资产达到72.3万亿美元，包括存款、股票和保险等，其中养老金权益总额达21.7万亿美元，是当年GDP的1.1倍，美国家庭半数以上拥有私人养老金，三分之一以上拥有个人退休账户，养老金是居民所有金融资产中占比最大的，约占家庭财富净值的三分之一。美国拥有OECD成员国中最大的养老金市场，资产规模达27.5万亿美元，占总量的64.8%。

美国的养老金构成中，企业/职业年金和个人养老金为主体部分，强制性缴费的第一支柱养老保险金占比反而较小。从2000年到2019年，企业/职业年金占GDP的比重从81.4%上升至85.8%，个人养老金占GDP的比重从9.3%上升至24.2%,后者的年均增长率快于前者,表明美国养老保险第三支柱发展的速度快于其他两大支柱。从资产构成来看,受保护和不受保护的固定缴款资产占养老金总资产的比重从2000年的47.7%上升至2019年的74.5%,且美国大部分的固定缴款资产是不受保护的,因此增长也主要来自这类不受保护的资产;而同期传统与混合的固定收益类资产占养老金总资产的比重则从63.8%下降至53.7%,且美国大部分的固定收益资产是传统类固定收益,因此下降也主要来自这类资产(图6-3)。

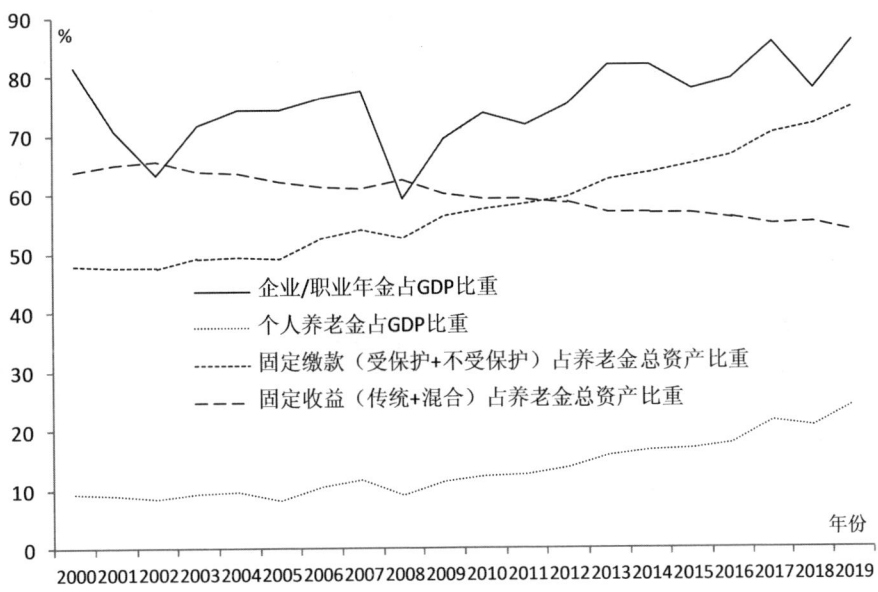

图6-3 美国企业/职业年金、个人养老金及其结构

数据来源:依据OECD数据库Pension funds(autonomous)数据整理

美国养老金结构表现为个人养老金比重扩大、不受保护的固定缴款类资产比重上升和传统固定收益类资产比重下降的特征,因此对于个人养老金的管理就变得越来越重要。养老金融在美国社会养老中起到了十分重要的作用,这一点从其养老基金资产结构就可以体现。2019年,美国养老基金资产结构中股票、共同基金、公共和私营部门发行的票据和债券占据了重要比重,分别为32.7%、26.1%和25.8%,大部分的养老金以投资形式参与金融市场,实现保值增值,另外也有投资保险、房地产、现金存款和贷款的,但是以现金存款形式投资的比重非常低,仅为0.4%(图6-4)。美国养老金参与金融市场投资较为成熟,与其金融市场的发达程度、养老群体的养老金融意识和知识储备有很大关系,从银行业与金融业参与养老保险建设来看,美国的经验主要包含账户管理经验、信托投资经验、医养结合体系等。

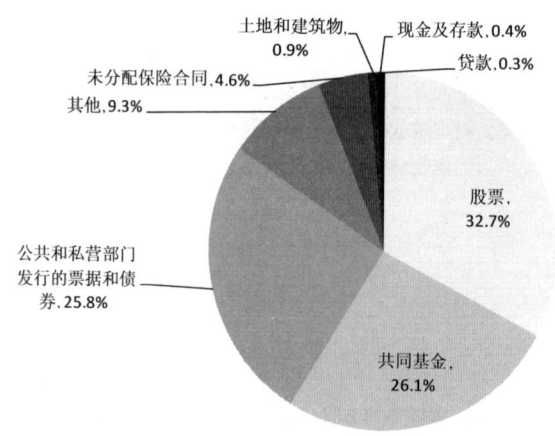

图6-4 美国养老基金资产结构

数据来源:依据OECD数据库 Pension funds (autonomous) 2019年数据整理

一、退休账户管理

个人退休计划产品是美国养老金融的重要领域,覆盖了不同行业、工作性质和不同年龄的人群。其中,457计划适用于州政府等公务性单位的雇员;403B计划主要是为教师、医生等职业工作者设计;IRAs计划是个人退休账户,主要适用对象是赚取工资的职员及其配偶(刘涛等,2019)。

美国退休账户的成功管理离不开完善的税收制度和监管制度支撑。其一,政府制定的特殊税收优惠制度——税收递延政策,规定养老金缴费额可以从个人税前收入中扣除,当计划参与者领取养老金时再缴纳所得税,从而减轻了个人的税收负担。其二,政府对养老金的投资收益实施税收减免政策,激励了人们参与养老金计划的积极性。其三,政府对养老金投资选择标的的规定相对宽泛,包括股票、政府和企业债券、共同基金、信托产品等在内的投资品均可选择,因此投资灵活性较高。其四,监管政策为养老金投资和退休账户管理的持续稳定发展提供了制度环境,在资产会计处理方面采取审慎原则,并要求证券监管部门、劳工部门等相关监督部门掌握财务报告、投资审计等方面的信息披露,确保风险控制严格执行。其五,大量非营利性的学术机构也为养老金计划的运作提供法律、政策、财务等方面的咨询,从而使政策和法律制定的合理性和有效性得到保障。

二、信托投资基金

投资房地产信托投资基金（REITs）是美国养老保险介入养老不动产业的重要方式。REITs 通过发行收益凭证来汇集投资者的资金，由专业的投资机构进行房地产投资经营管理，并为投资者按照比例分配投资收益。从优势来看，由于 REITs 的投资收入主要来源于养老社区等不动产的租金收入和不动产的升值收入，因此收益较为稳定；REITs 的经营模式简单透明，主要依靠房产租金和升值，因此对于老年投资者而言容易理解并做出价值评估。REITs 投资者除了可以获得分红之外，也可以通过股价溢价获得资本收益，因此投资收益率较高。REITs 市场的繁荣也吸引了保险机构的投资，保险公司通过 REITs 产品投资养老社区，并进一步拓展至养老服务，从而整合产业资源，构建完整的养老产业链。

在监管方面，美国的法律政策秉持促进中小投资者进行房地产投资的理念，保证投资的公平性，税法对 REITs 的股权结构、收益分配、组织结构和免税待遇等方面进行了详细的规定，只要符合法定要求，商业银行和非金融机构都能参与 REITs 的投资（刘涛等，2019），并获取所得税优惠；在保护中小投资者利益方面，政府对 REITs 的投资风险进行严格的管理，规定其资金只能进行房地产相关的长期投资，主要利润来源是租金收入，并要求其流动性符合中小投资者的买入和卖出意愿。

三、养老金融介入医养结合

美国的养老保险机构与医疗部门结合较为紧密，通过信息、人才、资金、技术等资源的共享，形成了提供医养结合的共同体，保险公司与医疗部门达成协议，可以为投保人提供医疗服务，由于两者是利益共同体，所以管理式医疗保险体系能够降低医疗费用。在具体的运作中，被保险人向管理式医疗保险机构购买保险，出于自身利益的考虑，保险公司会对医疗机构向投保人索取的医疗费用进行监督管理，防止过高的费用支出增加成本；保险公司往往会与许多医疗机构结成联盟，使医疗机构之间彼此面临着市场竞争，在保险公司的制衡和信息充分沟通的情况下，要接受以一个事先约定的固定价格为投保人提供所需的所有医疗服务；出于对自身风险与利益的权衡，医疗机构将兼顾考虑控制费用与医疗资源的使用，从而能够促进资源的优化配置。

养老金融与医养结合的成功运作与政府扶助分不开，同样受惠于立法、税收政策的支持和认可，可以说美国养老保险产业链拓展的动力是市场，而保障则是政府完善的政策制度。

第四节 日本养老金融经验

日本的养老金结构构成与美国存在明显的差别，企业/职业年金和个人养老金占GDP的比重显著低于美国，第一支柱养老保险金占比相对较高。日本企业/职业年金占GDP的比重从2000年的13.2%上升至2019年的17.6%，同期个人养老金占GDP的比重从0.3%上升至3.0%。从资产构成来看，受保护和不受保护的固定缴款资产占养老金总资产的比重从2000年的2.4%上升至2019年的30.7%，且日本固定缴款资产中受保护和不受保护的比重基本保持一致，因此增长也来自双方，且从近20年的发展趋势来看，不受保护的固定缴款资产增长速度更快些。传统与混合的固定收益类资产占养老金总资产的比重则从2001年的97.6%下降至2019年的69.3%，降幅近30%，且日本大部分的固定收益资产是传统类固定收益，因此下降也主要来自这类资产（图6-5）。

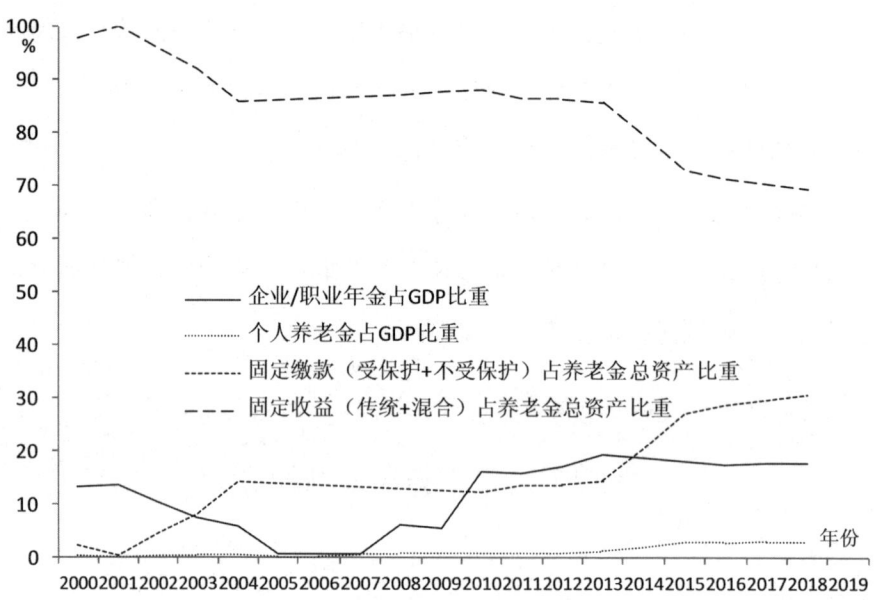

图6-5 日本企业/职业年金、个人养老金及其结构

数据来源：依据OECD数据库Pension funds（autonomous）数据整理

固定收益类资产的大幅度下降主要来自共同年金制度的保障能力减弱。日本自二战以后建立的覆盖全体国民的养老保险制度——共同年金

制度，在本国经济处于高速增长的时期，为日本经济的繁荣提供了坚实的基础保障。但随着日本经济泡沫的破灭，共同年金开始入不敷出、长期亏损。

面对这种情况，为了保证居民的老年生活，日本政府开始推行住房反向抵押贷款。随着日本逐渐成为全球老龄化水平最高的国家，政府对于护理保险制度的建设和护理行业的发展也十分重视，养老金融逐步介入护理行业。并且随着传统的养老模式逐渐不适应人口结构快速老龄化，财政养老方面的支出压力骤增，日本养老保险业融合信托业发展的趋势也逐渐显现。

一、住房反向抵押贷款养老

日本的住房反向抵押贷款包括两种模式：一是以政府为主体，为借款人直接提供养老贷款；另一种是由信托银行、担保公司等金融机构设计相关的住房反向抵押贷款产品，并发行给有养老需求的客户群体。

与美国相比，日本的住房反向抵押贷款行业进展相对缓慢，包括寿险公司在内的很多金融机构对此类产品并没有很大的兴趣。主要原因来自几方面：其一，日本人普遍认为住房是自己家族的财产，过世后要作为遗产传给自己的后代，而且每个人都需要拥有自己土地的意识根深蒂固，不愿意失去对住房的所有权；其二，日本的《建筑基准法》将房屋的折旧年限缩短，使进行抵押的不动产价值也相应减少；其三，日本是个自然灾害发生频率较高的国家，而且近年日本经济增长十分缓慢，金融机构长期持有房产会面临较大的资产贬值风险，同时，由于平均寿命延长导致的长寿风险也会给贷款机构造成压力;其四,日本住房反向抵押贷款行业缺少像美国那样的比较健全的风险担保机制,不能对市场风险、长寿风险、利率风险进行有效的防范和管理,而机构收回获取住房的产权并实现价值的周期一般会很长,在缺少担保机制的情况下,对于抵押贷款机构尤其是保险公司来说,管理风险的压力会非常大。中日两国在家族意识、遗产继承方面的传统具有很高的相似性,而中国的风险担保机制健全程度也不如发达国家,因此日本在住房反向抵押贷款养老方面面临的问题非常值得中国借鉴。

二、金融支持构建养老产业链

金融支持构建日本养老产业链方面,主要体现在护理保险制度的建设和养老机构的发展。日本 2000 年实施《护理保险法》至今已超过 20 年,政府十分重视对人们养老保险意识的培养,法律规定日本 40 岁以上的国民可自动转为长期护理保险的被保险人,政府公共税收与被保险人各自承担 50% 的保险缴费。政府强调民间资本的运用,通过一系列财政支持和税收优惠,鼓励民间资本能够进入养老产业,拓宽资金来源,并且充分发挥市场的作用。养老服务业因此发展到很高的水平,大量私营企业加入养老服务行业的阵营中,带来了养老机构的繁荣。

在养老机构发展方面,日本 1963 年就颁布了《老年人福祉法》,要求针对不同养老需求的人群提供健康型养老院、住宅型养老院、看护型养老院等与自身需求相匹配的养老机构。在政府支持和市场需求的共同作用下，日本养老产业蓬勃发展，包括银行、保险公司在内的金融机构大量投资养老机构，为这些养老机构的建设和运营提供了充足的资金，使得这些机构的日常生活服务项目、临时性的护理服务、专业医疗部门合作服务等不同内容的服务项目可以顺利开展，从而有效搭建了完整的养老产业链条。

第五节　德国养老金融经验

2000年，德国通过了21世纪德国养老保险改革方案草案，这项改革持续到2004年施罗德政府执政期间，被称为"李斯特养老保险改革"或李斯特计划。李斯特计划是一种自愿性质的私人储蓄性养老计划，设计用以弥补人口老龄化下法定养老金支付水平下降所带来的养老金缺口（王化楠，2016），对于中国当前老龄化背景下养老保险制度所面临的问题具有重要的借鉴意义。

一、多层次的养老保险体制改革

李斯特改革确定了三个具体的、分阶段的、可量化的目标：一是稳定公共养老保险缴费率，主要是控制缴费率的过快增长，增加公共养老保险体系的可持续性；二是在社会养老保险体系中引入私人补充性养老金计划，政府对该计划缴费实施直接补贴、税收折扣或个税递延等储蓄激励手段，但私人养老金计划具有自愿而非强制性；三是降低养老体系的福利待遇水平，主要是随补贴数额的提高，成比例降低养老体系的福利待遇水平，减轻政府的财政负担。

李斯特改革的主要目标是重构德国多层次的养老保险体系，通过发展企业/职业年金计划和私人储蓄性养老计划，改变过分依赖国家养老保险的状况，使得德国养老体系更适应人口老龄化。在养老责任主体方面，改革之前，德国公民养老缴费主体是个人，而改革后政府通过直接补贴、税收折扣及个税递延等储蓄激励措施将个人缴费变为个人缴费与国家缴费相结合，养老责任主体也转变为个人和国家多元责任主体，有助于激发个人购买商业养老保险计划的热情。

二、银行参与私人补充性养老金计划

在李斯特改革中，银行在私人补充性养老金计划构建中起到了重要的作用，从产品供给的角度来看，银行储蓄计划首当其冲，参与养老储蓄的个人可以固定利率进行储蓄，按月定期存入定额养老款项，收益在扣除一次性免税津贴后只需缴纳25%的资本收益税、团结附加税及教税。另外，基金和保险公司也会为私人补充性养老金计划提供产品，包括基金储蓄计划、定息基金、混合型基金、开放式不动产基金、股票型基金、风险型人寿保险、资本型人寿保险、与基金挂钩的人寿保险、个人养老保险，传统养老保险、即时型养老保险以及与经济挂钩的养老保险等。

在私人补充性养老金计划中，金融产品而非传统养老保险产品成为养老资产的重要组成部分，供给主体也不局限于保险公司，银行等金融机构成为开发相应养老计划产品的重要成员，商业养老保险资金不仅要有安全性，也要求具有一定的收益性，资金可投向股票、定息债券、不动产、流动性产品及其他许可的资产等。李斯特计划具有典型的金融产品的特性，为银行业支持养老保险改革构建了重要平台，而银行、基金和保险公司开发的大量李斯特产品，具有不同的收益和风险组合特征，人们可以根据自身的风险偏好和收益期望选择最合适的养老计划。

从养老金资产的安全性保障来看，李斯特养老金计划由联邦金融监管局负责监督，银行、基金和保险公司开发的私人养老金产品必须满足一定的监督和审核标准才能成为李斯特养老金计划的组成部分，并享受李斯特储蓄激励。

从2000年开始，近20年的李斯特养老金改革已经为德国社会的社会化养老和养老金融建立了较为稳固的基础。2019年德国养老基金资产结构的状况就能够体现这一改革的作用，目前德国养老基金资产结构中共同基金、公共和私营部门发行的票据和债券占据了重要比重，分别为51.5%和29.7%，其中共同基金构成中，票据、债券、权益类资产又占据较高份额，另外还包括贷款、房地产、现金及存款、私募股权基金、股票、对冲基金、结构性产品和其他投资，养老金参与金融市场投资的渠道较为丰富，现金及存款形式投资的比重比较低，仅为1.5%（图6-6）。

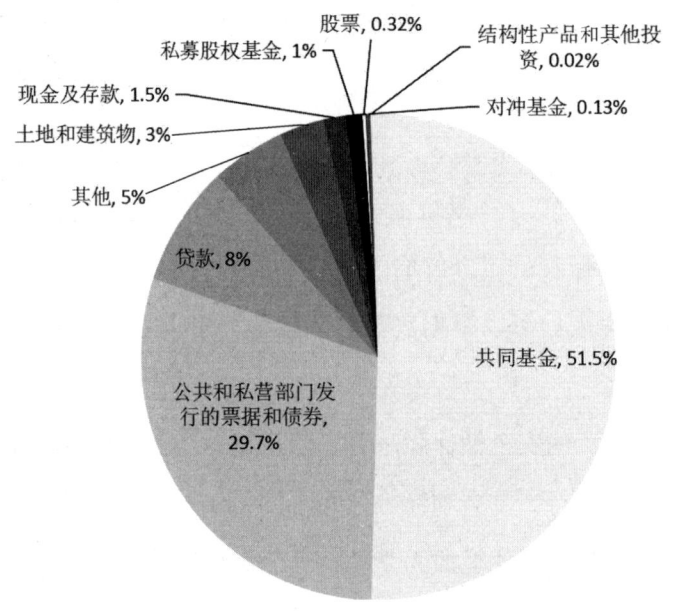

图6-6 德国养老基金资产结构

数据来源：依据OECD数据库Pension funds（autonomous）2019年数据整理

第七章

中国银行业支持商业养老保险的优势和瓶颈

第一节 银行业参与商业养老保险的优势

一、积极的业务准备

随着中国社会老龄化程度的提高,以及国家政策层面对养老金融的支持,我国商业银行开始积极探索多层次的养老金管理业务,并研究建立完善的养老金融体系。近年来,中国银行业协会联合各商业银行积极进行养老金第三支柱的调研工作,各商业银行在养老金第三支柱方面进行了许多业务探索,从主要开展第二支柱企业/职业年金业务,向全面的养老金融服务体系建设转型。首先,商业银行全面布局养老金市场,业务范围涵盖养老保险的三个支柱。其次,重塑组织架构,确立养老金发展战略。建设银行于2015年成立了建信养老金公司,全力发展养老金业务,许多银行也都确立了养老金融发展战略,积极布局养老金融市场。最后,大力拓展养老金资产管理业务。工商银行目前发行的养老理财产品规模已超千亿元,其他诸多商业银行也积极参与养老金融服务。

二、丰富的客户储备

无论是计划经济时期的垄断经营还是市场经济时期的业务竞争,商业银行在客户方面都拥有较高的信誉,始终拥有金融行业最广泛的企业客户和个人客户群体。商业银行在与客户的金融业务往来中,与客户联系紧密,建立了相互信任的情感依赖,具有快速了解客户各种现实需求和潜在需求的条件,具备向客户提供养老金第三支柱产品的机会,有利于快速启动养老金第三支柱市场。此外,通过企业/职业年金业务,商业银行已经与全国上万家优质企业单位、2300余万企业干部职工建立紧密的业务联系。随着企业/职业年金的推广,商业银行正与全国4000余万机关事业单位干部员工逐步形成更为紧密的业务联系。通过企业年金、职业年金业务营销和客户服务,商业银行逐步建立了雄厚的养老金第三支柱业务客户储备。

三、雄厚的资管能力

自2004年推出首只银行理财产品以来,商业银行资产管理业务规模呈现快速发展态势。银行理财规模在各类机构中占比最高,是中国资产管理行业当之无愧的主力军。银保监会制定的资管新规在产品分类、研发设计、销售管理、投资管理、风险管理、信息披露、理财分析、资产托管各方面,提出了更为明确的要求,有助于进一步促进银行理财业务规范发展。未来,商业银行在为养老金第三支柱客户提供稳健型资产管理产品方面将占据明显优势地位。

四、全面的风控体系

商业银行始终致力于健全全面风险管理体系，经过数十年持续建设，我国商业银行逐步建立并完善全面风险管理体系，强化全面风险管理制度建设。一是实施资本管理高级方法。自2014年起，商业银行陆续开始在法人和集团两个层面实施资本管理高级方法，依据巴塞尔新资本协议管理商业银行资本，这标志着我国商业银行风险管理水平已经得到国内外监管当局的高度认可，迈向国际风险管理先进银行之列，风险管理能力在国内金融行业居于前列。二是逐步建立集中式、垂直化风险管理体系。商业银行大力推进全面风险管理框架体系建设，强化内控内审体系，建立了以风险资产管理为核心的事前、事中、事后风险控制系统，健全各项业务的风险管理制度和操作规范，确保商业银行全面风险管理的适应性和前瞻性，全面风险管理水平持续加强和完善，为商业银行开展养老金第三支柱业务夯实业务基础。三是持续深化操作风险管理体系建设。商业银行运用操作风险与控制评估、风险关键指标监控和损失数据收集三大工具，持续开展操作风险的识别、评估和监控，对三大工具实施情况进行重检，进一步优化工具方法论及组织实施方式，开展操作风险管理评价与资本计量，提升精细化管理水平，可有效管控未来养老金第三支柱业务各类操作风险，助力养老金第三支柱稳健发展。

五、强大的系统建设

我国商业银行信息化建设和应用处于金融行业领先地位,可为养老保险第三支柱的顺利推进提供强有力的技术支撑。一是信息化管理体制改革步伐不断加快。商业银行沿着精细化、科学化和集约化方向不断前进,各商业银行信息管理的制度、标准、体系建设和执行力度有了空前的提高,信息系统建设逐步成为商业银行业务发展、业务转型的重要抓手。二是信息技术应用从业务操作向管理决策迈进。以集中管理系统、数据仓库技术顺利推进和广泛应用为标志,商业银行已逐步实现信息技术为管理决策提供数据支持,信息技术日益成为管理决策的关键因素。三是信息安全体系日益完善。商业银行逐步建立较为完善的信息安全体系,形成了可操作性信息安全制度体系,制定了注重信息安全的系统保障策略,实行了信息安全等级管理,构建了安全技术防范系统,可减少参保人个人信息的泄露风险,保证信息安全,为第三支柱体系建设建立坚实基础。

第二节 银行业参与商业养老保险的瓶颈

随着老龄化的加快,如何满足我国老年人社会保障及生活起居等消费和投资需求,将是最大的难题,主要的应对思路是财政和金融两种主要手段。但在相关政府财政存在制度缺失、难以有效支撑养老保障的条件下，特别需要养老金融创新进行补充。虽然我国许多商业银行开始探索有关创新并且在诸多方面存在优势，但是由于存在一些政策隐忧、技术瓶颈以及文化差异，在欧美国家非常流行的养老金融业务，在我国却可能出现水土不服、发展缓慢的问题（陈游，2014）。

一、养老保障体系不完善

目前，我国的养老保险体系存在第一支柱独大，第二支柱发展有限，第三支柱尚处在萌芽阶段的特点，三支柱结构性失衡问题突出，不同支柱之间流动性较差。在第一、第二支柱的政策保障下，已经加入第一、第二支柱的人群实际上已经具备一定的养老金保障，第三支柱个人养老保险对这类人群的政策吸引力降低。更为重要的是，目前缺乏有效的资金转移制度和流动机制，很难保证第三支柱与其他账户的互联互通，不利于养老金三支柱的联动发展。由于第三支柱的自愿性投保原则，更易造成第三支柱的作用不突出。

二、消费金融支持不足

我国经济增长动力正在逐渐转向依靠消费为主的内需拉动，老年人消费能力成为不可忽视的问题，也是金融服务实体经济的主要着力点。目前消费金融一直是我国金融体系的弱项，而对老年人消费金融服务的支持更为不足。商业银行推出的与扩大消费密切相关的一些信贷产品，一般在年龄上有严格限制，超过退休年龄的老年人如需按揭贷款，一般要求有经济实力的子女担保，即便是即将退休的老年人，如果申请个人消费贷款,也会受到诸多限制。养老消费金融是否能够起到促进当前消费与养老密切结合的作用,还需要突破这些限制,在信用风险和规范性得到制度保障的基础上,才能够实现基于商业信用的养老金融创新。

三、产品服务针对性不足

无论是养老金或者企业/职业年金等机构投资者,还是老年个人投资者,都要求获得长期稳定的投资回报,这在客观上要求银行重点发展以固定收益类为主的产品。老年人积累的人生财富通常高于青年人,具有理财的巨大需求,但调查却显示其往往对个人财富缺乏有效管理。我国商业银行对老年人的服务,一般表现出人性化考量不足、针对性服务意识不足、个性化产品不足等问题。由于老年人活动范围有限,对金融消费的便捷性以及产品的安全性、流动性等相关要求更高,对服务价格比较敏感;老年人在对金融产品本身有需求的同时,在服务中更需要得到心理关注和感情关怀。因此,商业银行需要面向老年人的特点,开发出更多的养老投资产品。

四、税收优惠政策不完善

我国目前已经开始进行个人所得税递延型养老保险的试点,但是具体的指导依据和税收优惠方式仍需进一步改进。并且我国个人所得税管理仍不完善,简单的税收优惠方式激励效果不足,设计适合的税收优惠政策是保障政策实施效果的重点问题。

税收优惠流程操作烦琐也影响了商业养老保险的发展。第三支柱的建立无疑需要搭建运营流程与制度平台，其中需要明确各种计算原则与操作流程，在实操过程中如果流程烦琐，会造成第三支柱的影响力不足。例如，从《关于开展个人税收递延型商业养老保险试点的通知》（22号文件）的规定来看，要求采取产品制，个人在购买税延型养老保险后需每月在中保信平台下载凭证，人力资源管理部门根据个人每月按时提交的凭证计算工资和个税情况，抵扣流程烦琐复杂（李庆雄，2020）。

五、制度衔接不匹配

目前我国第三支柱养老金税优政策只面向保险业，属于产品制，但税优政策的载体是第三支柱个人账户，而不是产品或行业，属于账户制，这种制度不匹配性影响了实际业务的有效推进。财税政策的实施载体有待从产品制转换为账户制，但目前仍然存在两方面制约因素，影响了产品制到账户制的转型：一是尚未建立面向各金融行业的统一信息平台，中保信、中登公司以及人行征信系统这三个平台分别代表保险业、基金业和银行业，需要进一步整合；二是参与的金融机构数量与产品范围有待扩大，目前基金、银行、信托尚没有被纳入税收优惠的金融机构与产品范围，影响和这些机构开展业务的积极性。

第八章

中国银行业支持商业养老保险的内容和途径

第一节 银行业支持商业养老保险的内容

一、市场培育

当前,我国城乡居民金融知识薄弱,储蓄养老意识淡薄,市场培育是未来加速推进第三支柱建设工作需要解决的重点问题。而商业银行在进行第三支柱市场培育方面具有先天优势。第一,商业银行具有高度的信誉。长期以来,商业银行经营稳健,具备完善的风险内控机制和健全的外部监管体系,其安全可靠、信誉优良的市场形象早已深入人心,在社会公众中拥有良好的品牌形象,是我国城乡居民最为信赖的金融机构。第二,商业银行拥有我国金融行业最为庞大的销售渠道和服务网络。商业银行特别是国有大型商业银行的网点几乎覆盖了100%的县级以上区域,并与地方政府、企业的关系密切。第三,商业银行具有强大的属地服务能力。第三支柱业务的客户特征是区域分散,行业众多,而且以个人为主要服务对象。商业银行凭借庞大的服务网络和众多的业务人员,能够实现养老金第三支柱业务的属地化服务,快速响应客户需求,为客户提供一揽子养老金业务解决方案,可以为养老金第三支柱的市场推广做出有力贡献。第四,商业银行具有很强的宣传和动员能力。数百万商业银行的员工具有强大的市场影响力,可有效营销第三支柱目标人群。商业银行在与客户的金融业务往来中联系紧密,可快速了解客户需求。因此商业银行可以有效地向目标客户群体宣传第三支柱,扩大社会影响力,有利于快速启动养老金第三支柱市场。

二、投资者教育

第三支柱的参与者都是个人投资者,个人投资者相较机构投资者更需要投资顾问和资产配置等服务。除了一定程度的投资选择权以外,个人投资者对于第三支柱资产的管理处于分散和无序的状态,实际上存在管理"缺位"问题,这就更需要金融机构在投资管理方面发挥指导作用。而商业银行通过开展银行理财业务,已经建立起完善的投资者交易体系,积累了数量众多的理财规划专业人才,可根据参保人的资产状况、预期收入情况和可享受的税收优惠额度,为参保人设计最优的第三支柱方案,从而提高个人第三支柱账户的目标安全。

三、账户管理

在养老保险第三支柱制度设计中,根据"一人一行一户"的个人身份管理原则,参保人在银行开立的养老资金账户,实现养老保险第三支柱的身份管理、税务管理、资金管理、投资管理、信息管理的"五合一"。商业银行从事个人账户管理服务具有天然的优势。商业银行作为以吸收公众存款和发放贷款为基础业务的金融机构，具有庞大的客户体量和账户管理量，在个人账户管理方面积累了得天独厚的管理经验，可以说商业银行是天然的账户管理人。

四、平台对接

开展第三支柱业务，需要商业银行承担账户管理职责，搭建业务平台，与监管部门信息平台、其他金融机构业务系统进行对接，并向参保人展示经过监管备案的第三支柱合格投资产品。商业银行通过在养老金市场十余年的深耕发展，与保险机构、基金管理公司、证券公司和信托公司等各类金融机构均建立了广泛的养老金业务合作。商业银行之间、商业银行与其他养老金管理机构之间均可通过业务系统直联实现数据对接，并根据客户个性化需求提供个性化服务，能为客户提供一揽子养老金业务解决方案，并实现对客户需求的快速响应。

五、风险控制

养老保险第三支柱涉及广大参保人退休生活的经济来源，资金安全是制度发展的基础。是否建立完备的风险控制体系，从缴费、投资交易、投资转换、待遇支付等环节，全方面把控业务风险，是业务发展的前提条件。经过数十年持续建设，我国商业银行已逐步建立并完善全面风险管理体系，强化全面风险管理制度建设。同时，商业银行通过托管机制，对第三支柱的缴费资金和合格投资产品进行托管，保证了第三支柱的资产安全。

六、支持实体经济

养老保险第三支柱可以有效促进资本市场繁荣，从而带动实体经济发展。一是养老保险第三支柱的积累具有时间长和规模大的特点，能有效地为资本市场注入长期优质资金。二是由于养老保险第三支柱对投资安全及流动性的要求较高，将促使监管部门加大对资本市场的监管力度，进一步推动资本市场规范化运作。三是养老保险第三支柱通常关注长期投资，可减少市场参与者的投机意愿，推动资本市场健康发展。养老保障第三支柱建设将为资本市场注入更多新的活力，有利于资本市场快速稳健地发展。四是第三支柱的建立能够与支持实体经济有机结合，实现社会效益最大化，在帮助资本市场做大做强的同时，有效帮助实体经济去杠杆。五是成熟的第三支柱可以有效覆盖小微企业和自雇人士等经营和劳动者的养老资产管理，对稳定和促进就业具有重要的积极作用。

第二节 银行业支持商业养老保险的途径

一、银保合作推动商业养老保险发展

银行业保险业在养老金第三支柱建设中行业优势明显，银保合作可

以在养老金第三支柱建设中发挥更大作用。从银行业看，在第一支柱方面，目前有四家银行是基本养老保险基金的托管机构；在第二支柱方面，银行业积极参与企业/职业年金运营管理和企业/职业年金业务开拓，成为企业/职业年金的受托管理人、账户管理人和托管人。从保险业看，在第一支柱方面，目前有六家养老保险机构是基本养老保险基金的投资管理机构，在第二支柱方面，深度参与企业/职业年金基金运作以及企业/职业年金业务开拓，也可作为企业/职业年金的受托管理人（徐孝竹和王雪莹，2019）、投资管理人和账户管理人。从银行业和保险业合作关系来看，两者一直保持着良好互动性，在代理业务、养老金管理、投融资业务、资产管理等领域取得了丰硕的合作成果，构建了成熟的合作模式，未来双方在实现优势互补、共赢发展的同时，可以促进养老金第三支柱进一步发展。

未来银行保险业参与养老金第三支柱的合作主要可以从三方面展开：一是明确目标市场，将法人客户也纳入目标客户群。长期以来，养老金融主要目标客户群多聚焦于实施个税改革后缴纳个税的人群，由于大部分个人客户就职于经济效益较好、公司治理规范的央企、国企、合资和科技型企业，实际上可以将法人客户也纳入主要目标客户群体，在向法人客户营销银保合作产品的同时，也可以为客户提供各项综合金融服务。二是配置齐全产品，满足不同客户需求。不同客户在提升企业管理、享受税优、补充养老、健康管理和财富管理等方面存在着差异化需求，因此需要配置多种产品，提供多样化服务，银行可以通过客户资金流水等财务指标筛选出经营效益良好的企业，同时结合企业项下的员工工资水平,快速锁定目标个人客户,为其提供切合需求的产品,保险公司可通过微信、产品说明会等线上线下相结合的方式为客户分析产品的特点,帮助客户了解产品形态、税优政策等,最终实现客户需求和产品特点匹配的目的。三是重视组织营销,转变营销思路。过去的银保合作中,分红寿险、普通寿险占据了绝大部分份额,但这两类产品未能充分满足客户养老、健康、财富管理的需求,未来应从客户角度和客户需求出发,完善和健全客户管理系统,聚焦客户养老、健康、财富管理的刚性需求,转变营销思路,提供能够满足客户需求且性价比高的产品。

2021年5月,银保监会出台了《中国银保监会办公厅关于开展专属商业养老保险试点的通知》,实质性推动银保合作开发专属养老保险。同年6月1日起,浙江和重庆两省市开始为期一年的专属商业养老保险试点,主要是鼓励保险公司创新开发投保简便、交费灵活、收益稳健的专属商业养老保险产品;积极探索服务新产业、新业态从业人员和各种灵活就业人员养老需求;建立与专属商业养老保险业务长期发展相适应的内部管理机制,包括长期销售激励考核机制、风险管控机制和较长期限的投资考核机制等;在风险有效隔离的前提下,鼓励试点保险公司积极探索将专属商业养老保险业务发展与养老、照护服务等相衔接,以满足差异化养老需求。参与试点的保险公司包括中国人民人寿保险股份有限公司、中国人寿保险股份有限公司、太平人寿保险有限公司、中国太平洋人寿保险股份有限公司、泰康人寿保险有限责任公司、新华人寿保险股份有限公司等。专属商业养老保险发展的实质性推进有利于丰富第三支柱养老保险产品供给,巩固多层次、多支柱养老保险体系。

另外,在银保合作支持养老金第三支柱建设的过程中,需要进一步加强监管支持力度,为银行业与保险业合作提供政策支持,监管部门需在产品开发、系统建设、投资管理等方面出台税费优惠等相关的支持政策,推动银行与保险机构,特别是与养老保险机构的深入合作。同时,需要持续加大个税递延型养老保险政策性业务的推广力度,完善配套政策,通过完善个人账户管理机制,加大产品开发创新,扩大纳入税延范畴的产品类型,为小微企业和个体户设计个人储蓄养老账户,通过个人储蓄养老保险和企业补充养老保险相结合的制度设计,在解决当前企业/职业年金制度发展门槛和覆盖面问题的同时,推进养老金第三支柱有效扩展(徐孝竹和王雪莹,2019)。

二、支持以房养老和养老地产模式

"以房养老"自20世纪90年代从发达国家传入我国,已经有近30年的时间,在严峻的老龄化背景下,我国多个城市积极进行了试点工作,但目前来看发展并不顺利。

北京于1990年进入老龄化社会,正处于中度老龄化时期,2007年,北京首家"养老房屋银行"由寿山福海国际养老服务中心、中大恒基地产经纪有限公司联合推出。根据协议,60岁以上老人可以申请入住养老中心,原有房屋委托地产公司出租,所获资金用于抵消老人产生的费用。然而,推行效果并不理想,两年后便黯然夭折,成为"以房养老"的一个失败案例。2011年,中信银行在北京等城市启动"以房养老"试点工作,年满55周岁的中老年人或年满18周岁的法定赡养人以房产做抵押，可向银行申请养老贷款，但因该项业务申请门槛高，因此总体业务量较小。2013年9月，国务院发布《关于加快发展养老服务业的若干意见》，鼓励开展住房反向抵押养老保险试点。北京市丰台区右安门街道于2014年3月率先推进以房养老试点工作，并举办街道宣传会邀请了百余名老人参加，但在实际执行的三个月里，街道两万多名老年人无一人参加。2014年6月，银保监会公布《关于开展老年人住房反向抵押养老保险试点的指导意见》，在北京等地开展试点。2015年3月，银保监会批复幸福人寿《幸福房来宝老年人住房反向抵押养老保险（A款）》保险条款及费率，首款保险版"以房养老"产品正式推出，产品推出3年半在北京等8个城市仅累计承保174单。

武汉也进行了"以房养老"的实践。2012年，中信银行在武汉首发"养老按揭"老年卡，老人可通过住房抵押向银行申请用于养老用途的贷款。条款规定，养老人须年满55周岁且至少有两套及以上住房，银行在扣除部分本息后，按月发放贷款，贷款到期后不需要偿还本金，所抵押的房产交由银行处置。由于该项目面对的是有两套房产且不急需养老贷款的老年人，并规定贷款金额最高不超过所抵押房产评估价值的60%，加之其他风险问题隐患，因此在推行的两年期间，办理者寥寥无几。2014年，幸福人寿保险公司参加了武汉"以房养老"试点，规定抵押房屋须是30年房龄内的70年产权住宅，产权在老人名下且无贷款，老人年龄在60~85岁，如果夫妻双方均健在，房屋产权在两人名下须同时办理"以房养老"业务。老人辞世后继承人享有优先回购权，如选择不赎回，则由保险公司处分房产，所得将优先偿还借款人养老相关费用，如有结余则退还给继承人，若房屋处置所得不足以抵消老人所用费用，则由保险公司自行承担。虽然保险公司既不参与分享房产增值收益，又承担了房产贬值风险，且有超过5年退保或老人中途辞世不收取退保费的有利规定，但试点4年间仍仅有4人成功签约。

其一，以房养老本身具有复杂性，涉及银行、房地产、保险公司、政府等诸多机构和专业领域。目前我国还存在金融机构分业经营管理的现状，使得机构间在合作上面临诸多阻碍，以房养老在推广上受到阻碍。其二，以房养老还涉及资产价值评估、保险精算、房屋专卖等诸多问题，目前，我国房地产评估机构还不规范，质量参差不齐，大部分机构存在"小、散、弱"特征，即规模小、经营散、能力弱，社会信用体系建设尚不健全。其三，由于利率受国家政策、金融市场发展状况、国际市场资金流动的影响而变动，以房养老涉及的贷款周期长、金额大，受利率变动的直接影响大，如果实际利率高于约定贷款利率，则贷款机构面临利润降低、房屋变现后难以抵消贷款本息的风险，甚至可能使金融机构产生财务危机；如果实际利率低于约定贷款利率，则借款人可能会选择提前还款终止贷款合同。其四，房屋是以房养老业务开展的核心，房价的变动直接影响了以房养老业务的推行。房价的变动受国家政策、经济状况、市场供求预期等多种因素影响，难以预测，如果房价下降，房屋价值不足以抵消养老金，贷款机构就会面临损失，房价波动也是以房养老业务推行中的一项重要风险。

银行业在推动以房养老试点的过程中需要从以下诸方面着手，一是作为金融综合业务经营管理经验较为丰富的机构，可以通过银保合作等方式为以房养老业务链的建立创造条件；二是运用银行业在住房抵押贷款业务中积累的房产评估、风险控制等方面的丰富经验，为自身开展或扶助其他金融机构开展以房养老业务提供指导经验；三是作为对国家利率政策最为熟悉和敏感的金融业部门，银行业在控制以房养老业务利率风险时，能提供更多的预测方法和风控策略；四是从国家"房住不炒"政策推行的贷款资金供应角度来看，银行业目前对于房地产价格变动的影响能力、预测准确性也比其他机构更有优势，因此在降低以房养老房价风险方面也可以有所作为。

三、支持社区养老模式

社区养老是指家庭为核心，以社区为依托，以上门服务和社区日托为主要形式，有别于传统的家庭养老和养老机构的纯社会化养老。由于这种模式以老年人日间照料、生活护理为主，兼顾家政服务和老人的精神慰藉，因此老年人口的接纳程度较高，并且目前呈现供不应求的态势。银行、保险和其他金融行业在支持社区养老方面也有较大的发挥空间，2019年8月7日，中国银保监会专门印发了《中国银保监会关于推动银行业保险业支持养老、家政、托幼等社区家庭服务业发展的试点方案》，对银行业和保险业在该领域的业务方向予以引导。从目前来看，主要可以着力的方向包括三方面：

一是金融机构积极参与相关城市长期护理保险试点工作，发展商业性长期护理保险产品，发展面向老年人的商业保险，完善老年人长期照护服务体系，帮助老年人特别是高龄老人获得保险保障，探索建立社区养老服务的保险制度。针对养老机构特点，优化养老机构责任险产品，提高养老服务从业人员的保障水平，为养老机构发展提供风险保障。

二是发挥资金优势，制定相关的投资规划，寻找金融业与养老服务业的产业规划和政策结合点，引导资金参与医疗、养老和健康产业投资，进行社区养老机构软硬件投资，支持社区养老服务业发展。增加社会养老资源供给，人才培养、行业规范和技术标准建设，鼓励养老机构向周边小区输出体系化、规范化、标准化技术和服务，提高社区养老服务水平。

三是发挥普惠金融服务民生的作用，优化信贷服务，满足社区养老机构的合理融资需求。信贷业务不仅要考虑养老机构财力、物力等条件，也应将养老专业资格认证、质量评价、客户数量和满意程度、员工服务水平等作为授信因素，重点支持纳入政府购买服务、运营规范、市场口碑良好的行业内领先企业发展。同时密切跟踪社区养老服务市场变化，加强对已建成社区养老项目经营情况的监测，及时采取风险防控措施。

四、推动医、养、护结合的新型养老模式

除了居家养老、社区养老和机构养老之外，目前我国不同地区也开始探索医、养、护结合的养老模式，其中，"医"包括医疗健康保健服务，有医疗服务、健康咨询服务、健康检查服务、疾病诊治和护理服务、大病康复服务以及临终关怀服务等；"养"包括生活照护服务、精神心理服务、文化活动服务。其特征是更加注重统筹医院、护理和不同

养老服务机构的医疗和养老服务资源，因此涉及的部门相对较多。医疗机构需有较为完备的老年疾病科，或利用自身医疗优势设立以大病疗养、康复、保健为主的养老医疗部门，并能够对基层医疗机构提供服务指导；护理型养老机构可以在医疗部门的指导下设立专门的医疗分支机构，或具有一定医疗资格的，能护理失能、半失能老人的长期照护机构。对轻度失能及基本自理、完全自理老人则以提供社区化医养结合服务为主，社区卫生服务站、基层卫生服务机构就能够为这些老人提供家庭医疗服务、健康保健咨询服务、上门检查服务等；对应的社区养老机构则主要提供家政和简单的护理服务。

目前医、养、护结合的养老模式尚未形成完整的产业链和规范的服务标准，老年人不同老年阶段和多样化的养老需求与现有的养老资源供给仍存在较大的矛盾，难以实现"整合照料"的全方位要求。从金融服务医、养、护养老模式的角度来看，可以从以下几方面参与：一是加强老年医院或医疗机构老年疾病相关医疗资源建设的投资与信贷服务，推动老年医疗的发展；二是加强护理型养老机构的普惠金融支持力度，保险行业推广医师职业责任险，为家庭医生出诊提供保障，提升医养结合服务能力，提高保险机构对养老行业的理赔效率，不断提升理赔服务质量和水平；三是以支持政府购买服务等方式，加强社区养老与"互联网+"相结合的基础设施投资，提高医、养、护产业的融合度；四是对医、养、护融合相关的人才培养予以支持，包括相关医学专业、护理专业人员培训和助学贷款服务等。

参考文献

[1] 蔡秋杰,孙凤华.论保险供求的互动关系[J].保险职业学院学报,2006(01):5-7.

[2] 曹冬梅,辜胜阻,方浪.老龄化背景下我国养老金缺口的对策研究[J].统计与决策,2015(10):63-65.

[3] 柴效武.一种以房养老的贷款方式:住房反抵押贷款[J].金融理论探索,2004(03):46-48.

[4] 陈其芳.农村居民购买商业养老保险意愿的影响因素分析[J].财经理论与实践,2016,37(01):59-63,109.

[5] 陈星.英国养老金制度发展演变及其启示[J].中国地质大学学报(社会科学版),2007(04):33-37.

[6] 陈洋林,张长全,蒋少华.商业养老保险低参与率与保险供给侧结构性改革——来自中国综合社会调查(CGSS)的证据[J].当代经济管理,2017,39(12):83-91.

[7] 陈游.中国社会老龄化背景下商业银行养老金融业务创新的

机遇——借鉴美国经验[J]. 现代经济探讨, 2014 (06): 69-73.

[8] 党俊武. 积极老龄观和中国社会老龄化问题[J]. 老年教育, 2018 (10): 13-14.

[9] 董克用. 应对老龄化需高度重视养老金融发展[J]. 当代金融家, 2016 (07): 22-24.

[10] 董克用, 施文凯. 加快建设中国特色第三支柱个人养老金制度: 理论探讨与政策选择[J]. 社会保障研究, 2020 (02): 3-12.

[11] 封铁英, 高鑫. 家庭特征、居住安排与赡养行为——基于陕西省1061份老年样本的实证分析[J]. 求索, 2017 (09): 105-114.

[12] 冯锦彩, 曹艳春, 范楠瑛. 美国社会保险基金管理对我国的启示[J]. 现代商业, 2014 (29): 68-69.

[13] 冯丽英. 掘金商业银行养老金融业务[J]. 中国银行业, 2015, 23 (11): 97-99.

[14] 高建平. 建立完善养老金融服务体系[J]. 中国金融家, 2016 (03): 60-61.

[15] 何小伟, 高进. 巨灾保险市场为什么失灵？——一个研究综述[J]. 保险职业学院学报, 2010, 24 (01): 10-13.

[16] 和晋予. 养老与信托的"一体化"发展思路[J]. 当代金融家, 2014 (12): 82-85.

[17] 贺强. 中国养老金融体系势在必行[J]. 海内与海外, 2011 (06): 8-9.

[18] 胡继晔. 论养老金监管立法[M]. 北京: 中国政法大学出

版社,2013.

[19] 胡继晔. 金融服务养老的理论、实践和创新[J]. 西南交通大学学报(社会科学版),2017,18(04):1-9.

[20] 胡颖,叶羽钢. 我国保险公司效率影响因素的实证研究[J]. 暨南学报(哲学社会科学版),2008(04):28-34,154.

[21] 黄阳涛,周蕾. 智利养老金制度模式对我国的借鉴意义[J]. 湖北财经高等专科学校学报,2011,23(04):49-52.

[22] 刘佳晨. 我国人口老龄化对寿险需求的影响研究[D]. 北京:首都经济贸易大学,2018.

[23] 刘生龙,胡鞍钢,郎晓娟. 预期寿命与中国家庭储蓄[J]. 经济研究,2012,47(08):107-117.

[24] 刘云香,丁建定. 美国养老保险体制改革及其经验[J]. 南都学坛,2007(04):28-31.

[25] 卢亚娟,张雯涵,孟丹丹. 社会养老保险对家庭金融资产配置的影响研究[J]. 保险研究,2019(12):108-119.

[26] 马海龙. 商业银行在养老金融服务方面扮演的角色研究[J]. 金融经济,2015(18):50-51.

[27] 孟晓苏. 以房养老不是大众产品[J]. 中国房地产业,2014(0Z1):140-141.

[28] 彭秀健. 中国人口老龄化的宏观经济后果——应用一般均衡分析[J]. 人口研究,2006,30(04):12-22.

[29] 任丁. 人口老龄化对城乡家庭购买商业保险的影响研究[D].

上海：上海外国语大学，2019.

[30] 孙博. 老龄化时代应建立大养老金融思维 [J]. 清华金融评论，2016（04）：91-94.

[31] 孙建中. 对我国保险业发展的历史分析和前景预测 [J]. 保险研究，1999（09）：12-16.

[32] 孙祁祥，朱俊生. 人口转变、老龄化及其对中国养老保险制度的挑战 [J]. 财贸经济，2008（04）：68-73.

[33] 世界银行编. 防止老龄危机：保护老年人及促进增长的政策 [M]. 中国财政经济出版社，1996（05）.

[34] 唐祥清. 商业养老保险：职工购买意愿及影响因素——来自CGSS2015 的数据分析 [J]. 湖北广播电视大学学报，2018，38（04）：53-59.

[35] 王化楠. 德国李斯特养老金计划改革对我国补充性商业养老保险发展的启示 [D]. 西南财经大学硕士论文，2016.

[36] 王颖捷. 降低陷入困境银行退出壁垒的比较研究 [J]. 经济社会体制比较，2003（03）：119-123.

[37] 徐孝竹，王雪莹. 养老金第三支柱发展机遇中的银保合作 [J]. 中国银行业，2019（04）：40-42.

[38] 杨燕绥，胡乃军，刘懿. 养老资产与养老金融 [J]. 金融市场研究，2012（07）：126-130.

[39] 姚余栋，王赓宇. 发展养老金融与落实供给侧结构性改革 [J]. 金融论坛，2016，21（05）：13-17.

[40] 杨宜勇,吴香雪. 养老保险制度体系改革与税收扶持机制研究 [J]. 税务研究,2018 (01): 25-30.

[41] 袁成,李茹. 中国人口老龄化对人身保险消费的影响研究 [J]. 中央财经大学学报,2017 (09): 22-31.

[42] 袁成. 我国寿险需求增长的国际比较研究——基于2000—2013年的面板数据 [J]. 中央财经大学学报,2015 (08): 37-43.

[43] 袁雪梅,潘天阳,郑明贵. 不同区域城镇居民商业养老保险需求影响因素分析 [J]. 保险职业学院学报,2018,32 (02): 25-33.

[44] 曾祥瑞,胡江涛. 美国住房融资新方法:逆抵押贷款 [J]. 中外房地产导报,1997 (16): 37-38.

[45] 赵静华. 老龄化背景下我国农村新型社会养老保险制度的思考 [J]. 农业经济,2018 (11): 74-75.

[46] 张华新. 农民工参与商业养老保险意愿及影响因素分析[D]. 沈阳:辽宁大学,2014.

[47] 张立龙. 新世纪德国养老保障改革——李斯特养老金计划 [J]. 经济研究参考,2014 (57): 76-80.

[48] 张庆君,郜亮亮,苏明政. 人口老龄化对寿险需求的影响研究——基于辽宁省数据的实证分析 [J]. 人口与经济,2013 (03): 97-103.

[49] 郑秉文. 科学认识商业养老保险在多层次养老保障体系中的功能 [J]. 天津社会保险,2016 (06): 19-20.

[50] 郑秉文. 第三支柱商业养老保险顶层设计:税收的作用及其

深远意义 [J]. 中国人民大学学报, 2016, 30 (01): 2-11.

[51] BECK T, WEBB I. Economic, Demographic, and Institutional Determinants of Life Insurance Consumption across Countries [J]. World Bank Economic Review, 2003 (01): 51-88.

[52] BROWNE M J, KIM K. AnInternational Analysis of Life Insurance Demand [J]. The Journal of Risk and Insurance, 1993, 60 (04): 616-634.

[53] DIXON J, COLIN G, JOHN T, CLIVE B, DENIS L. Social Security Pensions [J]. Journal of Social Policy, 2001, 30 (04): 749-750.

[54] HEADEN R S, LEE J F. Life Insurance Demand and Household Portfolio Behavior [J]. The Journal of Risk and Insurance, 1974, 41 (04).

[55] JORDAN K. The Determinants of Life Insurance Demand in Central and Southeastern Europe [J]. International Journal of Economics and Finance, 2012, 4 (03).

[56] KOUTRONAS E, YEW S Y, GOH K L. Managing Pension Plan in an Aging Population: the Dynamic Profit-Share Pension Model [R]. 2016.

[57] LEWIS F D. Dependents and the Demand for Life Insurance [J]. American Econom ic Review, 1989, 79 (03): 452-466.

[58] LISENKOVA K, BORNUKOVA K. Effects of Population Ageing on the Pension System in Belarus [J]. Baltic Journal of Economics, 2017, 17 (02): 103-118.

[59] MARK J B, KIHONG K. An International Analysis of Life Insurance Demand [J]. The Journal of Risk & Insurance, 1993, 60 (04): 616-634.

[60] MITCHELL O S, PIGGOTT J. Unlocking Housing Equity in Japan [J]. Journal of the Japanese & International Economies, 2004, 18 (04): 466-505.

[61] SHOWERS V E, SHOTICK J A. The Effects of Household Characteristics on Demand for Insurance: A Tobit Analysis [J]. Journal of Risk and Insurance, 1994, 61.

[62] STUCKI B R. FundingHome Care with a Reverse Mortgage. [J]. Caring: National Association for Home Care Magazine, 2006, 25 (08): 24-27.

[63] STUCKI B R. Using Reverse Mortgages to Manage the Financial Risk of Long-Term Care [J]. North American Actuarial Journal, 2006, 10 (04): 90-102.

[64] United Nations Department of Economic and Social Affairs, World Population Prospects 2019 [R]. https://creativecommons.org/licenses/by/3.0/igo/, 2019.12.31

[65] WANG L, VALDEZ E A, PIGGOTT J. Securitization of Longevity Risk in Reverse Mortgages [J]. Social ence Electronic Publishing, 2008, 12 (04): 345-371.